기타를 작게 치면서

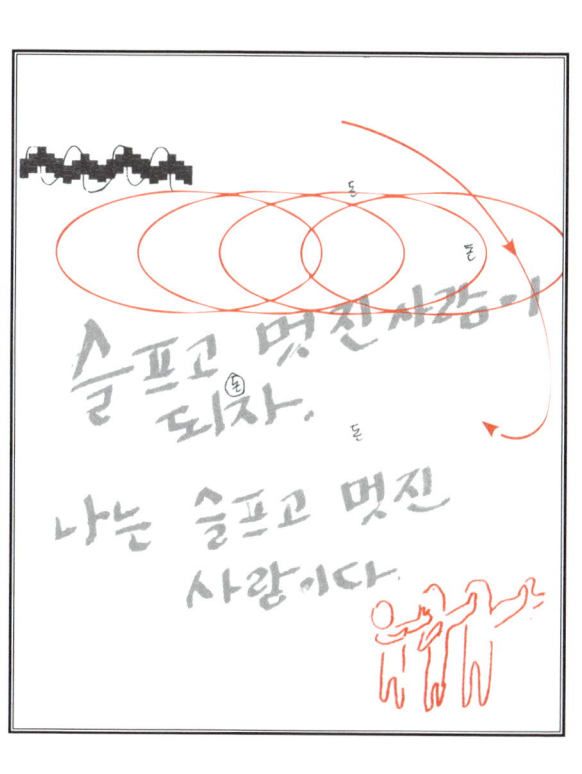

어렸을으로 빠나나을 린다.

그녀녀섣기

윤은슨 2012 01. 잘 알지도 못하면서 02:46 ‖ 02. 너의 리듬 02:47 ‖ 03. 하하하 03:04 ‖ 04. 오리발 나무 03:54 ‖ 05. 이상한 일 04:11 ‖ 06. 럭키아파트 04:40 ‖ 07. 삐이삐이 03:04 ‖ 08. 윤은슨 03:26 ‖ 09. 먹고 싶다 03:39 ‖ 10. 졸업영화제 01:57 ‖ 11. 일기 03:25 ‖ 12. 프로펠러 04:18 ‖ 13. 로쿠차 구다사이 02:57 ‖ **신의 놀이** 2016 01. 신의 놀이 02:54 ‖ 02. 가족을 찾아서 04:06 ‖ 03. 이야기속으로 02:27 ‖ 04. 슬프게 화가 난다 04:22 ‖ 05. 웃어, 유머에 02:44 ‖ 06. 도쿄의 친구 03:22 ‖ 07. 평범한 사람 02:46 ‖ 08. 세상 모든 사람들이 나를 미워하기 시작했다 06:58 ‖ 09. 나는 왜 알아요 04:08 ‖ 10. 좋은 소식, 나쁜 소식 02:28 ‖ **늑대가 나타났다** 2022 01. 늑대가 나타났다 03:38 ‖ 02. 대화 03:17 ‖ 03. 잘 듣고 있어요 04:15 ‖ 04. 환란의 세대 03:46 ‖ 05. 빵을 먹었어 05:17 ‖ 06. 의식적으로 잠을 자야겠다 05:40 ‖ 07. 그 아무런 길 04:45 ‖ 08. 박강아름 05:23 ‖ 09. 어떤 이름을 가졌던 사람의 하루를 상상해본다 05:15 ‖ **미수록 발표곡** 임진강 03:24 ‖ 우리의 방 03:52 ‖ 삶과 잠과 언니와 나 03:56 ‖ 재규어 준이치 01:26 ‖ SHAME 03:46

(etc)

기타를 작게 치면서

이랑의
가사-말

이랑이라는 독백,
가사를 살아온 분노와 슬픔

아침달

일러두기

1. 본문에 표기된 노래의 재생 시간은 음원 사이트에서 제공하는 것을 따랐습니다.

2. 책 제목은 『』, 앨범명은 ◊, 노래, 영화, 전시 제목은 〈〉로 표기했습니다.

3. 가사 중 일부 반복 횟수, 수정 혹은 생략된 부분은 원작자와 협의하여 반영되었습니다.

4. 본문에 수록된 낙서, 이미지 등은 작가가 실제로 사용하는 수첩에서 가져왔습니다.

inst. 이 글을 쓰는 일이 무척 괴로울 거라는 생각이 든다 · · · · · *18*

아마 그게 너의 리듬

1

옷에 대한 고민을 멈춰본 적이 없다 · · · · · · · · · · · · · *28*
01. 잘 알지도 못하면서

친구에게 너무 집착한다 · *36*
02. 너의 리듬

책에 글자로만 등장하는 노래를 부르고 싶었다 · · · · · · · · · *44*
03. 하하하

열쇠가 없는 방문을 잠글 수 없었다 · · · · · · · · · · · · · *50*
04. 오리발 나무

헤/어/지/자 · *58*
05. 이상한 일

너희들 덕분에 뮤지션이 됐다 · · · · · · · · · · · · · · · · · *64*
06. 럭키아파트

돌고래 소리를 찾아서 · *76*
07. 삐이삐이

스스로에게 숙제를 내고 푼다 · · · · · · · · · · · · · · · · · *80*
08. 은은슨

밤에 먹는 걸 멈출 수가 없다 · · · · · · · · · · · · · · · · · *86*
09. 먹고 싶다

재밌게 봐주세요 · *94*
10. 졸업영화제

한심한 일기를 쓰고 있다 · · · · · · · · · · · · · · · · · · · *100*
11. 일기

그때의 친구들에게 · *108*
12. 프로펠러

창피하니까 그만하세요 · *114*
13. 로쿠차 구다사이

나는 좋은 이야기를 통해
신의 놀이를 하려고 하는지도 모른다

2

항상 열심히 했다 · 122
01. 신의 놀이

코,카콜라 코카,콜라 코카콜,라 코카콜라 · · · · · · · · · · · · · 130
02. 가족을 찾아서

살아 있는 한 사람의 역사 · 136
03. 이야기속으로

부자가 된 친구와 어떻게 관계를 이어갈 수 있을까 · · · · · · · · 142
04. 슬프게 화가 난다

뭔가에 반응하는 걸 보여주란 말이야 · · · · · · · · · · · · · 150
05. 웃어, 유머에

이제 일본어를 말할 수 있지만 · · · · · · · · · · · · · · · · · 158
06. 도쿄의 친구

작은 카메라가 되어 타인의 삶을 구경하고 싶다 · · · · · · · · · 164
07. 평범한 사람

후렴을 싫어한다 · 170
08. 세상 모든 사람들이 나를 미워하기 시작했다

나는 왜 몰라요 · 180
09. 나는 왜 알아요

사랑하고, 사라진다 · 188
10. 좋은 소식, 나쁜 소식

나 아니면 누가
이 일을 말할 수 있을까

3

이랑이 나타났다 · *196*
01. 늑대가 나타났다

세상 모든 사람들은 이야기 중독이다 · · · · · · · · · · · · · · · 204
02. 대화

"우리는 환대에 의해 사회 안에 들어가며 사람이 된다" · · · · · 212
03. 잘 듣고 있어요

나는 누구 한 명도 살릴 수 없는 사람이다 · · · · · · · · · · · · · 218
04. 환란의 세대

이 빵밖에 없었어 · 226
05. 빵을 먹었어

까무룩 하다 으앙 하고 우는 · *232*
06. 의식적으로 잠을 자야겠다

일하면서 사랑을 찾는 수밖에 ·*238*
07. 그 아무런 길

저는 당신을 위한 노래를 만들 수 없어요 · · · · · · · · · · · · · 244
08. 박강아름

죽기 전에는 말하고 말 것이다 · *250*
09. 어떤 이름을 가졌던 사람의 하루를 상상해본다

의미가 있는 이야기는
듣고 또 들려주고 싶어요

4

오늘도 전쟁을 겪고 있다 · 260
🎵 임진강

우리의 작고 시끄러운 방 · 268
🎵 우리의 방

못된 나와 못된 언니 · 274
🎵 삶과 잠과 언니와 나

확실한 사랑만을 남기고 떠난 내 고양이, 준이치 · · · · · · · · 282
🎵 재규어 준이치

수치심 없는 사랑은 사랑이 아니야 · · · · · · · · · · · · · · · · · 290
🎵 SHAME

이랑의 노래: 울리고 웃기고 성장하는 · · · · · · · · · · · · · · · 299
🎵 김윤하(대중음악평론가)

꼭 안아주고 싶은 · 304
🎵 김윤아(가수)

inst.

이 글을 쓰는 일이
무척 괴로울 거라는 생각이 든다

이 세상에서 내가 말할 수 있는 이야기가 뭘까. 그게 뭔지 알게 되기까지 길고 긴 뻘한 시간을 보냈다.*('뻘하다'라는 표현이 너무 좋다)* 콤플렉스와 분노와 슬픔으로 가득 차 흘려보낸 수많은 시간. 사랑과 응원을 받지 못한 어린 시절이 있었고, 가난에 대한 콤플렉스가 유독 심했다. 아무것도 하지 않으면서 '사랑받으면서 자랐다면 이렇지 않았을 텐데' '돈이 있으면 뭐든 할 수 있을 텐데' 그런 생각만 했다. 생각만 하다 보니 더 화가 나고 *(빡치고)* 누군가 창작물을 내놓는 걸 보면 그저 가소로웠다.*(별것도 아닌 게, 근자감만 있어가지고 재수 없어~)* 그러다 문득 이렇게 있다간 영원히 아무것도 못하고 사라질 것 같다는 생각이 들었다. 뭔가를 탓하고만 있는 건 시간 낭비였다. 그래서 내가 느끼는 분노를 에너지 삼아 말하기 시작했다.

배고프다. 돈이 없다. 가족이 싫다. 연인이랑 헤어졌다. 왜!?

나는 언제부터 언제까지 분노 에너지로 곡을 썼을까. 분노 에너지가 없으면 창작할 수 없는 사람일까. 지금까지 앨범으로 발표한 서른세 곡을 훑어봤다. 앨범에 싣기 위해 제목은 멋들어지게 붙였지만 실제로 그 안에 담고자 했던 주제는 다음과 같다.

♬ 배고픈데 돈이 없다 〈먹고 싶다〉
♬ 월세 낼 돈도 없다 〈프로펠러〉
♬ 돈도 없고 집에 빛도 안 든다 〈슬프게 화가 난다〉
♬ 돈도 없고 집도 더운데 복도가 그나마 시원하다 〈럭키 아파트〉
♬ 사랑받아보질 못해서 내가 지금 이 모양 이 꼴이다 〈잘 알지도 못하면서〉
♬ 아무도 믿을 수가 없다 〈오리발나무〉
♬ 곧 졸업하는데 이 세상에서 뭐라도 될 수 있을지 모르겠다 〈졸업영화제〉
♬ 정말 답이 없다 〈일기〉
♬ 나는 너무 예민하다 〈너의 리듬〉
♬ 우린 평생 일만 존나 해야 된다 〈하하하〉
♬ 그것도 쳇바퀴 굴리듯이 평생 〈욘욘슨〉
♬ 가족이 있는데 없는 것같이 사는 것도 잘못된 것 같지만, 내 가족은 아마 다른 데 있을 것 같다

〈가족을 찾아서〉

🎵 언니 보고 싶다 〈삶과 잠과 언니와 나〉

🎵 좋아한다고 했으면서 갑자기 안 좋아한다는 녀석들한테 화가 난다 〈이야기속으로〉 〈이상한 일〉 〈세상 모든 사람들이 나를 미워하기 시작했다〉

🎵 내가 이렇게 불행한데, 신이라고 하는 녀석은 뭘 하고 있는 걸까? 〈나는 왜 알아요〉

🎵 초라하고 불행하지만 할 말이 없는 건 아니다 〈평범한 사람〉 〈대화〉

🎵 이렇게 외로울 바엔 다 뒤졌으면 좋겠다 〈환란의 세대〉

🎵 정치/사회도 열받는 건 마찬가지다 〈늑대가 나타났다〉 〈좋은 소식, 나쁜 소식〉

🎵 잠이 안 온다 〈의식적으로 잠을 자야겠다〉

🎵 사랑하고 싶은데 일만 존나 하고 억울하다 〈도쿄의 친구〉 〈그 아무런 길〉

🎵 밖에 나가기 무섭다 〈어떤 이름을 가졌던 사람의 하루를 상상해본다〉

🎵 나가봤자 세상은 너무 하찮고 볼 것도 없다 〈빵을 먹었어〉

🎵 모르겠다 그냥 웃고 살자 〈웃어, 유머에〉

🎵 그래도 가끔 내 얘기 들어주는 사람들 고마워 〈잘 듣고 있어요〉

이 곡들을 만드는 동안 나는 얼마나 변하고 얼마나 성장했을까. 어떻게 만들었는지 복기하기 위해 내가 가지고 있는 수많은 기록을 훑어봤다. 2002년도 즈음부터 쓴 수첩 수십 권이 내 손에 있었다. 놀랍게도 20년이 넘는 시간 동안 수십 권의 수첩에 담긴 일기는 거의 변한 것이 없었다. 내 일기들은 항상 이런 식이었다.

2013년 3월 18일
2009년의 다이어리를 보았다.
나는 하나도 변하지 않고 있었다.
가족을 사랑하면서도 미워하고 있었고
애인에게 삶의 의미를 부여해 살아가고 있었다.
오늘의 나는 변했나?

한결같이 화내고, 슬퍼하고, 외로워하고, 괴로워하는 마음들이 잔뜩 쓰여 있었다. 이렇게 변화 없는 마음을 들여다보는 게 너무 힘들었다. 지난 일기를 보고, 변한 게 없다고 쓰고, 또 몇 년 뒤에 같은 일기를 또 쓰고, 또 지난 일기를 보고.
2006년 대학에 입학할 때 마련한, 내가 '흰둥이'라고 부르는, 오래된 하얀색 맥북을 켜봤다.*(안 켜질 줄 알았는데 켜졌다)* 당시에 듣던 음악, 녹음해둔 음성 메모, 포토 부스*(맥북 안에 기본으로 깔려 있는 프로그램)*로 찍은 사진과 영상.

녹음하다 말고 중단한 가라지밴드 프로젝트 파일. 이름만 있고 열어보면 아무것도 없는 프로젝트 파일들.*(아마 만들다가 이상해서 트랙들을 지워버린 것 같다)*

저장 공간이 100기가도 되지 않는 이 맥북을 가지고 수십 곡의 노래들을 녹음하고 만들었다. 심지어 이걸로 몇 편의 단편영화도 편집했다. 지금은 거의 아무 프로그램도 돌아가지 않고 더 이상 OS 업데이트도 되지 않아 인터넷 화면을 켜기조차 쉽지 않았다. 이상하게도 그때 그 시간들을 자세히 들여다보면 볼수록 기분이 좋지 않았다. 가난하고 차가웠던 공기. 외롭고 괴로웠던 시간들이 자꾸자꾸 몸에 와 닿았다. 기억을 떠올리자 몸이 반응하는 것이 신기했다. 나는 오늘을 제대로 살고 싶은데 과거를 들여다보고 있는 게 싫었다.

어느새 흰둥이 맥북 시절로부터 19년이 지났고, 그 사이 맥북을 적어도 네 번은 바꾼 것 같다. 한데 이제 와 지금까지 발표한 곡들을 통해 변화 없는 마음들을 들여다봐야 하는데…….

이 글을 쓰는 일이 무척 괴로울 거라는 생각이 든다. 괴롭지만 내가 안 들여다보면 이걸 또 누가 들여다보겠나 싶다. 이 책 작업을 시작하며, 모든 일을 복기하는 것도 자료를 정리하는 것도 쉽지 않아 우선 '연대기' 폴더를 만들었다. 그리고 유언장을 썼다. 생각보다 *(날것의)*

자료가 너무 많아서 혹시 이걸 정리하던 중 죽으면 어쩌나 걱정됐다. 슬프고 부끄럽지만 내 것임은 분명한 이 수많은 말들, 노래들. 주인이 없으면 어찌 될까 싶어 유언 집행자 세 명이 생전/사후 남겨진 작품에 대해 정리하고 관리 감독을 하도록 써두었다. 일단 이 책 원고를 잘 끝마치고 싶다. 사건 사고 없이 살아서 이 작업을 마칠 수 있기를 바라면서.

𝄢

2006년에 입학한 한국예술종합학교 영상원 영화과. 재미있어 보여서 전자음악 동아리에 들어갔다. 딱히 전자음악을 만들거나 배우지는 않았고, 학교 이곳저곳에서 작게 파티를 열어 음악을 틀고 춤을 추며 노는 게 전부였다. 나는 주로 다른 친구들이 틀어주는 음악에 춤을 췄다. 동아리실에는 드럼, 기타, 앰프, 마이크 등 악기와 장비가 좀 있었다. 파티가 끝나고 아쉬우면 동아리실에 모여 술을 더 마시거나 춤을 더 추며 놀았다. 악기들이 있으니 이것저것 만지다가 기타도 조금씩 쳐보기 시작했다.*(기타를 보면 누구라도 치고 싶어지는 것 같다)* 기타를 조금 칠 줄 아는 사람은 학교 안에도, 학교 밖에도 많았다. 나도 기타를 조금은 칠 줄 알고 싶어서 기타를 조금 칠 줄 아는 누군가를 만나면 기타를 잡는 방법이나 줄을 긁는 방법 등을 하나씩 물어보았다. 기타를 조금 칠 줄 아는 사람들은 다들 한 곡 정도 연주할 줄 알았다. 당시 나는 영화과 편집실 조교로 근무중이기도 했던, 뮤지션 '아마츄어증폭기'(줄여서 아츄)를 좋아했기 때문에 그의 노래를 기타로 치면서 불러보고 싶었다. 다행히 아츄 노래는 대부분 코드가 비슷비슷해서 코드 몇 개만 배우면 여러 곡을 따라 부를 수 있었다. 그런 식으로 나도 점점 기타를 조금 칠 수 있게 됐다. 아츄 노래를 따라 하면서 내 노래를 만드는 작업을 동시에 진행했다. 코드 이름도 모르고 주법도 모르고 화성학이고 악보고 아무것도 모르는 상태에서 그냥 노래를 마구 지어 불렀다. 어제 본 드라마의 내용을 기타 치면서 친구에게 들려주면 재미있었다. 당시 즐겨보던 미국 드라마 〈그레이스 아나토미〉 줄거리를 노래하곤 했다. 아무 노래나 십 분이고 이십 분이고 계속 즉흥으로 만들고 불렀다.

정규 교육에서 벗어나 6년 만에 다시 들어간 학교였다. 그나마 예술학교라는 이름 아래 이것저것 해볼 수 있는 환경이었기에 학교에서 춤을 추거나 노래하는 것에 그닥 죄책감(?)이 들지 않았다. 그때는 이 세상 다른 모든 것보다 예술이 엄청 대단한 거라고 생각했던 때였다. 별종이어도 되는, 얼마든지 관종력을 뽐내도 되는, 지루한 일상에서 벗어날 수 있는, 특별해지는 길이라고 생각했었다. 지금도 그렇게 생각하는 면이 없지는 않지만…… 아무튼 당시에는 미술, 춤, 노래, 연극, 영화 등 몇 가지 것들에만 예술이라는 이름을 붙이고 그것들만 추앙했다.

예술대학에 다니면서 딱히 뭐가 되고 싶었던 것인지는 모르나 학교 곳곳을 전부 알고 싶었다. 학교에 대해 나만 모르는 것이 없기를 바랐다. 학자금을 대출받았기 때문에 뽕을 뽑겠다는 각오가 대단했다. 타 전공 수업을 하나씩 들어보고, 학교 이곳저곳에서 파티를 벌이고, 학교 옥상에서 혼자 음악을 듣고 춤을 추고, 친구들의 영화에 등장해 연기를 하고, 오열도 하고, 싸움도 하고, 수영도 하고, 춤도 추고, 누드 사진도 찍었다. 돈이 급하면 학교 식당 앞에서 노래 부르면서 가진 물건들을 다 갖다 팔았다. 무엇보다 친구를 많이 사귀었고 연인도 많이 사귀었다. 하지만 그렇게 온갖 난리를 떨어도 이 세상에서 내 존재를 아는 사람은 그리 많지 않았다. 어떻게 이렇게 하루가 길까 생각했다. 밤은 더더욱 길었고 대부분 고양이 준이치와 둘이 지냈다. 울고 싶어서 울다가 혼잣말을 했다. 기타를 치면서 울었다. 나중에 어딘가 써먹을 수도 있어서 잊지 않으려고 비디오를 켜고 녹화하면서 울면서 노래하면서 기타를 쳤다. 기록한 노래도 수십 곡, 기록되지 않은 노래는 훨씬 더 많다. 기록되지 않고 내 기억에서 휘발된 노래 중에도 명곡이 많이 있었을까.

아마 그게 너의 리듬

1

은은슨
2012

01. 잘 알지도 못하면서 02:46

02. 너의 리듬 02:47

03. 하하하 03:04

04. 오리발 나무 03:54

05. 이상한 일 04:11

06. 럭키아파트 04:40

07. 빠이빠이 03:04

08. 은은슨 03:26

09. 먹고 싶다 03:39

10. 졸업영화제 01:57

11. 일기 03:25

12. 프로펠러 04:18

13. 로쿠차 구다시이 02:57

옷에 대한 고민을 멈춰본 적이 없다
01. 잘 알지도 못하면서

이 곡은 대학교 작업실 책상 위에 놓여 있던 다자이 오사무의 책 『만년』 표지를 보다가 만들었다. 내가 쓰던 작업실 한쪽에는 아주 커다란 창문이 있었다. 문 대신 창문을 통해 사람들이 들락날락할 정도로 커다란 창문이었다. 밤이 되면 밖은 어둡고 안은 밝아서 커다란 창문이 거울처럼 비쳤다. 그래서 종종 창문에 비치는 모습을 보며 춤을 추곤 했는데, 이 노래를 만드는 날도 그랬다. 『만년』 42~43쪽을 읽던 중이었다.

나는 일찍부터 복장에 관심을 갖고 있었다. 셔츠 소매에 단추가 달려 있지 않으면 입지 않았다. *(중략)* 나는 그러한 멋 부림을 다른 사람이 알아채지 못하게 살짝 했다. 가족들은 내 용모를 형제 중에서 제일 나쁘다, 나쁘다 했고 그토록 못생긴 남자가 이렇듯 멋 부린다고 알려지면 모두의 웃음거리가 될 거라고 생각했기 때문이다.

당시 나는 너무 예뻐했던 연인과 이별을 한 직후여서 많이 슬펐다. 울고, 울고, 울기만 했다. 그렇게 울기만

하던 어느 날, 『만년』을 읽다 말고 창문을 앞에서 춤을 췄다.

"난, 사실, 멋, 내는 게, 좋아."

창에 비친 내 모습을 보며 양손으로 가슴과 허리, 어깨를 차곡차곡 짚다가 머리 위로 손을 쭉 뻗는 춤을 췄다.(*'머리 어깨 무릎 발 무릎 발' 같은 단순한 율동이었다*) 키가 크고 늘씬하고 현대의학의 힘으로 외꺼풀 눈을 짙은 쌍꺼풀 눈으로 변화시킨 언니를 떠올리면서. 그리고 세상이 제시하는 기준에 맞게 더 예쁜 모습이 되고 싶었던, 그래서 누구에게나 사랑받고 싶었던 내 욕망이 마구 뒤섞여 춤을 추며 노래를 지어나갔다.

×　　×　　×

대학생 때 친구와 둘이 일주일에 한 번, 이상한 옷을 입고 학교에 오는 날을 만들었다. 이름하여 '드레스 어글리 데이'. 평소엔 다양한 이유로(*괴상해서 촌스러워서 부끄러워서*) 입지 않을 법한 옷으로 전신을 코디해 하루 동안 그 옷을 입고 지내는 우리 둘만의 프로젝트였다. '드레스 어글리 데이'마다 나는 언니 옷장에서 옷을 꺼내 입었다. 언니 옷들은 내가 평소에 전혀 입지 않는 취향이었기 때문이다. 내 노래에 종종 등장하는 언니와 내 취향은 평생 달랐고 한 번도 잘 맞은 적이 없었다. 교복을 입을

때나 조금 맞았을까. 그러고 보니 교복 줄이는 법도 언니에게 배웠었다. 눈썹 다듬는 법도, 학교에서 들키지 않게 블루블랙으로 염색하는 법도 언니가 가르쳐줬다. 지금 내 귀에 있는 세 개의 구멍도 언니가 뚫어준 것이다.(언니는 귀뿐만 아니라 코도 배꼽도…… 여기저기를 뚫었다) 언니는 항상 천을 최소화한 옷만 입었다. 미니스커트, 팬티 같은 바지, 끈 나시, 비키니류 옷을 입었고, 화려한 꽃무늬나 형광색과 핑크색을 좋아했다. 주말이면 항상 그런 옷을 입고 클럽에 춤을 추러 갔다. 나는 허리 라인이 들어가지 않은 무채색의 재킷이나 바지를 좋아했다. 그리고 예나 지금이나 트렌치코트를 가장 좋아한다. 구제옷에 한창 빠져 있던 시절엔 구제시장을 돌아다니며 옷을 수백 벌 사 모았으나, 나의 에이급 빈티지 컬렉션을 엄마가 몰래 갖다 버리는 엄청난 사건을 겪은 뒤(낡은 옷을 입는 게 꼴 보기 싫다는 이유로) 큰 충격을 받고 빈티지를 끊게 됐다.

어린 시절엔 옷이나 머리 스타일이 자기표현의 유일한 방법이라고 생각했다. 외적으로 어떤 정보를 발신하느냐가 우선이었다.(그때까지만 해도 지금처럼 옷보다 언어에 더 집착하게 될 줄은 몰랐다) 교복이나 체육복을 입을 때도 물론 그랬다. 실내화를 꺾어 신는 방식, 운동화 끈 모양, 가르마의 방향까지도 전부. 중학생 때는 등교 전 두 눈두덩이에 쌍꺼풀액을 발라 쌍꺼풀을 만들고 학교에 갔다. 친구들이 *(반어법으로)* 왕눈이라고 불러도 꼭 그렇게 했다. 초등학생 때는 남자애들처럼 옷을 입고 싶어 했다. 캡 모자, 박시한 티셔츠에 반바지. 통 큰 청바지와 후드티 취향이었다. 종교 생활을 하는 엄마를 따라 강제로 모임에 나갈 때는 엄마가 정해준 옷차림으로 가야 했다. 무릎을 가리는 애매한 길이의 치마나 원피스였다. 정말 싫었다. 교복을 입기 시작하면서는 모두와 비슷한 모습으로 다닐 수 있어 차라리 편했다. 바지 교복을 입고 싶었지만, 엄마가 안 사줬다. 여학생들 중에 반에서 한 명 정도만 바지 교복을 입었는데 그게 참 근사해 보였다.

이러나저러나 살면서 옷에 대한 고민을 멈춰본 적이 없다. 지금은 갖고 있지 않아도 오랫동안 좋아했던 옷에 대한 기억과 색감, 질감이 전부 생생하게 기억난다. 옷에 대해서는 계속 더 쓸 수 있을 것 같다. 하지만 이 글은 옷 취향의 역사를 쓰기 위한 목적은 아니었던 것 같고……?

아무튼 〈잘 알지도 못하면서〉는 악기 없이 춤을 추며 만든 노래였기 때문에 기타 코드는 나중에 대충 멜로디에 끼워 맞췄다. 어차피 내가 칠 수 있는 코드는 무척 한정적이고 *(지금도 마찬가지)* 메이저 코드 ABCDEFG 안에서 전부 결정되기에, 그때도 몇 개의 메이저 코드를 쳐보고 그 음에 맞춰 멜로디를 수정했던 것 같다. 솔직히 말

주변 에덕덱 사랑들은 기록하지 않고
연시하였다. 나는 비결정으로 기록

- 쓰기를 기본은 기록하기
- 인폭을 집가날게
번복해야 늘막 쓰다보영

이엇시 븫스덕.
들콘으ㅜㅜ
볼 것ㅡ) 늠

- 가사낫이 /시낫기

이보것다 긴옥

여럭쓰으로 ㅜ나낟늘 린다.

C G F G

하면 내 노래는 50퍼센트 이상 C코드로 시작한다. 이 노래도 그렇다.

보통 한 곡을 한 번에 완성하는 경우는 거의 없는데, 이 3분짜리 노래는 만드는 데 3분이 걸렸다. 하지만 곰곰이 잘 생각해보면 3분 만에 만들었다고 할 수 없긴 하다. 이별의 고통, 언니와 나의 옷 취향, 나의 콤플렉스, 최근 읽고 있던 책 등등 많은 것들이 내 안에서 섞이고 섞이다 어느 날 그렇게 한 번에 입 밖으로 삐져나온 것이었겠지. 그래도 평소 곡을 쓸 때 걸리는 시간보다 훨씬 빠르게 한 곡을 완성한 것은 송라이팅 역사에서 조금 특별한 경험이긴 하다.

당시 스물넷이던 나는 기억력이 무척 뛰어났고 음성 메모를 하지 않아도 굉장히 많은 노래를 즉흥적으로 만들고 동시에 기억도 잘했었다. 지금은 모든 걸 메모에 의존한다.

01.
잘 알지도 못하면서

난 사실 멋 내는 게 좋아
아무도 모르게 은근히 슬쩍슬쩍
그런데 누가 멋 냈느냐고 물어보면
무슨 말인지 모르겠다는 듯이

내가 왜 그러는지 내가 왜

어려서부터 울 언니가 나보다 훨 예뻤어
얼굴도 작고 늘씬한 서구형 미인
그래서 내가 언제부턴가 멋 부리려고 했더니
못생긴 애가 멋 부린다고 어른들이 놀렸어

그래서 그랬어 그래서 그랬어

누가 나보고 예쁘다고 하면
난 그 말만 듣고 그럼 나랑 사귀자고 했어
그런 식으로 만난 남자만 해도 벌써
한 명 두 명 세 명 네 명
다섯 명 여섯 명 일곱 명 여덟 명……

내가 왜 그랬는지 내가 왜

그러니까 너도 함부로 나한테
남자관계가 복잡하다고 그렇게 말하지 마
잘 알지도 못하면서
알지도 못하면서

나 예쁘니? 어디가? 진짜?
그럼 나랑 사귈래?

난 사실 멋 내는 게 좋아
아무도 모르게 은근히 슬쩍슬쩍
그런데 누가 멋 냈느냐고 물어보면
무슨 말인지 모르겠다는 듯이
무슨 말인지 모르겠다는 듯이

무슨 말씀이세요
저는 옷이나 그런 거 별로 관심 없는데요 #

친구에게 너무 집착한다
02. 너의 리듬

노래를 만들기 시작했던 건 혼잣말을 더 재미있게 하기 위해서였다. 대부분의 밤에, 잠은 쉽게 찾아오지 않았다. 그럴 때 누워서 이 생각 저 생각을 하며 혼잣말하거나 공상하거나 일기를 썼다. 기타를 좀 칠 수 있게 된 스무 살 무렵부터는 잠이 안 올 때 하는 그 모든 행동을 기타 치면서 하기 시작했다. 아주 작은 방 안을 산소와는 사뭇 다른 무게로 천천히 채우는 나지막한 기타 소리를 들으며, 그 소리와 박자에 맞게 입으로 일기를 썼다.

매 곡을 만드는 과정에서 특별히 기억나는 순간이 있다. 보통 한 곡을 열 번이고 백 번이고 다시 부르면서 완성하기 때문에(《잘 알지도 못하면서》는 예외로 두고) 점차 변하고 완성에 가까워지고 '아, 이제 완성이다!' 하는 순간이 있다. 하지만 완성의 순간보다 더 또렷하게 기억나는 순간은 주로 노래의 한 구절이 둥실 떠오를 때다.

〈너의 리듬〉을 만들었던 2010년 8월, 무리하게 학자금과 생활비를 대출받아 프랑스 파리 여행에 다녀온 뒤, 경기도 남양주에 있는 엄마 집에 머물던 때다. 내 방에는 작은 베란다가 있었다. 베란다를 열면 커다란 뒷산 경치가 보였다. 거기서 몰래몰래 담배를 피우면서 학기가 시작할 때까지 엄마 집에 머물렀다. 가족들과 함께 사는 집에 돌아온 것이 오랜만이어서 평소처럼 밤이고 새벽이고 시끄럽게 노래를 부를 수 없었다. 그래서 나는 아주 작은 소리로 노래하고 작은 소리로 기타 치는 법을 익혔다. 엄마 집에 머무는 동안 매일 밤부터 아침이 될 때까지 거실에 있는 아빠 컴퓨터로 영화를 두세 편 내리 보거나, 방에 들어가 작은 소리로 노래를 불렀다.

그러던 어느 날 밤엔가 기타를 작게 치면서 '내가 싫어하는 것들'에 대해 중얼대고 있었다. 처음엔 후렴구가 "나의 리듬"으로 반복됐다. 그렇게 "나의 리듬"으로 끝날 수 있었던 노래를 부르던 중, 갑자기 소라라는 친구 생각이 났다. 우리는 싫어하는 게 비슷해서 친하게 지내는 친구 사이다. 2010년 당시에는 친해진 지 2~3년 정도 됐을 때라, 서로를 더 잘 알고 싶어서 되도록 자주 만나려고 애를 썼다. 소라에게는 '뚜뚜'라는 이름의 강아지 가족이 있었다. 뚜뚜는 산책을 정말 좋아해서, 소라와 소라 가족들은 돌아가면서 열심히 뚜뚜와 산책을 나갔다. 산책하지 않는 고양이와 함께 사는 나에게는 매일, 동물과 함께, 밖에 나간다는 미션은 너무 부담스럽게 느껴졌다. 나는 걷는 것도 싫어하고 뛰는 것도 싫어하고, 먹지도 자지도 않고 누워 있는 시간이 많았기 때문이다. 소라는 뚜뚜와 산책하면서 무슨 생각을 할까. 소라네 집에 놀러 갔을 때 뚜뚜 산책을 따라나섰던 날, 같이 걷던 그 산책길을 매일매일 걸으면서 무슨 생각을 했을까. 우리가 싫어하던 것들에 대해 생각할까. 지금 하고 있는 작업에 대해 생각할까. 생각이 꼬리에 꼬리를 물고, 어느새 노래의 화자는 '나'가 아니라 '너'로 바뀌었다.

소라는 청소년 때 다큐멘터리 영화를 만들어 상도 많이 받고 영화계에서 꽤나 이름을 날리던 친구였다. 이십 대 초반에 처음 만났을 때도 소라는 새로운 다큐멘터리 영화를 만드는 중이었다. 그 작업에 들어간 지 몇 년은 지난 시점이었다. 이야기가 떠오르면 아주 사소한 아이디어 단계에서부터 주변에 떠들고 다니기 시작하는 (비밀이 없는) 나와 달리, 소라는 아주 조심스럽게 작업하는 스타일이었다. 소라의 카메라에는 내가 많이 담겨 있었지만 편집본은 절대 보여주지 않았다. 나는 친구를 사귀면 그 한 사람을 통해 나의 세계가 확장되는 느낌이 너무나 좋아 친구 사귀는 일을 집착적으로 좋아한다. 책을 백 권 읽어도 몰랐던, 이 세상에 나와 동시대에 존재하고 있었는지 몰랐던 세계가 한 사람을 통해 눈앞에 펼쳐지는 그 맛이 정말 짜릿했다. 그래서 소라가 내게 자기 세계를 숨긴다고 생각해 아주 답답했던 때가 있었다. 마음이 너무 잘 맞는 소라에게는 분명 내가 좋아할 만한 세계가 있을 텐데 보여주지 않는 이유가 뭘까, 너무 궁금했다. 예민해서? 나도 예민한데? 자신이 없어서? 나도 자신 없는데. 빨리빨리 작업하고 빨리빨리 내놓고 다음 걸 빨리빨리 하려는 나와 한 작업을 10년간 끌고 가는 소라는 과연 좋은 친구가 될 수 있을까? _{소라에게}

  '아마 너에게는 너만의 리듬이 있는 거겠지.'

  '나의 리듬'이 '너의 리듬'으로 둥실 바뀌는 순간이었다.
  〈너의 리듬〉은 아주 많은 사람이 내 노래 중에 제일 좋아한다고 꼽는 대표곡 중 하나다. 사람들이 "저는 이랑님 노래 중에 이 노래를 제일 좋아해요"라고 말해주는 몇 가지 곡이 있다. 〈너의 리듬〉〈신의 놀이〉〈가족을 찾아서〉〈세상 모든 사람들이 나를 미워하기 시작했다〉라는 곡들이다. 왜 그럴까. 이 곡들은 공통적으로 이해받지 못하거나 이해받기 어려운 감정을 말하고 있어서일까.
  2014년, 소라는 10년 넘게 작업하던 다큐멘터리를 드디어 완성했다면서 영화제들을 한차례 돌고 난 뒤 영상 파일을 보내왔다. 하지만 나는 그 영화를 볼 자신이 없었다. 보고 나면 무조건 감상을 이야기해야 할 것 같아서였다. 소중한 친구가 이토록 오래 작업해온 결과물이 별로면 어쩌지. 다른 수많은 지인의 별로인 작품을 보고 나서 할 수 있는 가장 쉬운 말인 "잘 봤어요"라고만 할 수는 없는 노릇이고. 어쩌면 엄청 좋을 수도 있지만, 또 어쩌면 엄청 안 좋을 수도 있어서 보는 게 너무 무서웠다. 노력의 결과물을 내가 한 방에 감당할 수 있을까. 영화를 재생하고 5분도 채 지나기 전에 영화를 꺼버렸다. 그 이후로 벌써 수년이 흘렀지만 아직도 그 영화를 보지 못했다. 소라에게는 봤다고도 못 봤다고도 제대로 말하지 않았다.

얼마 전 소라가 2년 동안 쓴 장편 시나리오 초고를 보여줬다. 소라가 무언가를 다 끝내기 전에 피드백을 요청한 게 처음이라, 나는 이 책 원고를 써야 하는 날 소라의 시나리오를 세 번 정독하고 프린트를 한 뒤 대본 위에다 피드백을 잔뜩 썼다. 그리고 소라를 집에 불러 밥을 만들어 먹이고 피드백을 열심히 들려주었다. 소라는 무척 감격하며 돌아갔다. 이전 영화는 아직도 보지 못했지만, 다행히 이번 일로 우리의 관계가 새롭게 시작되는 것 같았다.

※ 〈너의 리듬〉 가사에서 아쉬운 점: 이때는 (2008년)
'반려동물'이라는 말을 들어본 적이 없어서
'애완동물'이라는 가사로 완성된 것.

02.

너의 리듬

아마 넌 아직도 이해를 못한 것 같아
그래서 넌 그 길을 걸으면서 생각하겠지
내가 뭘 놓친 걸까 아니면 니가 거짓말을 한 걸까
넌 그 길을 걸으면서

너는 사람들이 좀 더 예의가 발랐으면 좋겠지
뭔갈 물어볼 때 '저기요'라고 말해줬으면 좋겠지
손가락으로 찌르거나 밀치지 않았으면 좋겠지
아마 그게 너의 리듬
아마 그게 너의 리듬

엄마도 이해 못하고
친구들도
가까운 애완동물도
이해 못하는

아마 그게 너의 리듬, 리듬
아마 그게 너의 리듬
너의 리듬 너의 리듬
너의 리듬 너의 리듬
너의 리듬 너의 리듬

너는 사람들이 좀 더 예의가 발랐으면 좋겠지
뭔갈 물어볼 때 '저기요'라고 말해줬으면 좋겠지
손가락으로 찌르거나 밀치지 않았으면 좋겠지

아마 그게 너의 리듬
아마 그게 너의 리듬
너의 리듬 너의 리듬
너의 리듬 너의 리듬
너의 리듬 너의 리듬
너의 리듬 너의 리듬
아마 그게 너의 리듬
아마 그게 너의 리듬 #

책에 글자로만 등장하는 노래를 부르고 싶었다

03. 하하하

이 노래를 떠올리면 내 공연을 보러 온 어린이 관객들이나, 친구들의 아이들이 떠오른다. 유난히 아이들이 반응하던 노래이기 때문이다. 하하하 해해해 하고 반복되는 말이 재미있는 걸까. 이 곡과 〈웃어, 유머에〉라는 곡에 유난히 어린이들이 반응한다.

커트 보니것의 소설 『고양이 요람』에서 한 구절을 보았고, 그때 나는 책에 나오는 노랫말에 멜로디를 붙이는 재미에 빠져 있었다. 〈욘욘슨〉도 그랬고. 당시 커트 보니것의 모든 책을 읽어나가던 때였다. 뭔가 하나에 관심이 생기면 그 작가의 모든 작품을 몰아서 보았다. 책이면 책 영화면 영화 음악이면 음악. 지금도 나는 플레이리스트를 별로 좋아하지 않는다. 어느 한 앨범을 1번부터 끝까지 반복해 듣는 것을 좋아한다. 열심히 차려준 코스 요리를 음미하면서 냠냠 먹는 것이 좋다.

책 속에 노래가 등장하는 경우는 종종 있었다. 꼭 노래가 아니더라도 어떤 구절을 읽다 보면 왠지 멜로디를 붙이고 싶어졌다. 시를 읽을 때도 마찬가지다. 근데 막상 시에 멜로디를 붙였을 때 어색한 경우가 많았다. 그건 아마 내가 곡을 만들 때, 가사를 정돈해두고 부르지 않아서 그런 것 같다. 나는 산문을 먼저 쓰고 거기에 멜로디를 붙이면서 가사로 정리한다. 가사를 다듬을 때 산문처럼 쓰인 말에 멜로디를 붙여 부르면서 가장 중요시하는 것은 숨 쉬는 구멍을 찾는 것이다. 숨을 쉬는 구멍을 찾아야 말을 정리할 수 있다. 가사가 많은 내 노래에 숨 쉬는 구멍이 어디 있는지 듣는 사람들은 잘 모를 거다. '이랑은 숨을 안 쉬고 부르나?' 하는 반응을 종종 보았다. 하지만 숨 쉬는 구멍은 분명히 있다. 그 숨 쉬는 구멍에 맞춰 말을 정리하게 되고, 그러면서 산문이 가사로 완성된다. 시는 너무 많은 것들이 이미 정리되어 있어서 내가 더 정리할 말이 없고 오히려 너무 말이 부족하게 느껴진다. 가사가 적은 음악가들이 가사를 완성하는 과정이 너무 궁금하다. 보고 싶다.*(그래서 〈신곡의 방〉이라는 작곡 쇼를 2014~2015년에 진행했다)*

가사를 쓸 때는 '가사를 쓴다'고 생각하면서 쓰지 않는다. 다른 음악가는 어떨지 모르겠지만, 나는 보통 일기를 쓰고, 일기를 부르면서, 멜로디나 숨 쉬는 구멍에 맞게 가사로 정리하기 때문에. 정리된 말 자체에 곡을 붙인 경우가 없다시피 하다. 그래서 자꾸 남의 글(산문이나 소설)을 읽으면서도 멜로디를 붙여보게 되는 것 같다. 아무 책이든 다 할 수 있고, 예전에 수업에서도 학생들에게 그걸 많이 시켜봤었다. 다들 굉장히 부끄러워하고 어색해하지만 그 과정은 해보는 것도 보는 것도 재미있었다.

춤이라 국어 문어문어
춤이 많아도 추는거야
쉬지말고 춤이라도 되어요
안들어내 장난반감

C / G / F

우리는 하하하 한다네
"우리가 해해해 해야"
하하하 할 일을
"오오오 온몸이 부서질 때까지"

오 저 센트럴 파크의
"잠자는 숲으로"
어두운 정글의 사자-사냥꾼도
중국 차과 의사도 영국 여왕도
모두가 잘도 맞아 돌아가네
같은 기계(카라반)안에서
좋아 좋아 정말 좋아 × 3
서로 다른 모든 사람들이 같은 장치 안에

인썹션 청강리 2:45
5:45

기타로 몇 가지 코드를 치면서 하염없이 그 곡조를 귀로 듣고 손으로 치고 하는 과정에 흐름을 맡긴 채 책을 소리 내 읽는다.(보통은 내 일기를 읽는다) 그러면서 말을 정리하고 그걸 노래로 만들어간다. 이 작업은 곡을 만드는 초창기에 많이 썼던 방식이고, 지금의 방식과는 또 다르다. 이 훈련을 너무 많이 해서 그런지, 지금은 꼭 산문이 없어도 가사를 지을 수 있게 되었다. 예전엔 가사가 되기 위해 많은 양의 산문이 필요했지만 지금은 완성된 가사의 양과 거의 비슷한 양의 말만 내뱉게 되었다. 중간에 정리하는 과정이 많이 생략됐다. 어떻게 해야 하는지 잘 알게 되기도 했고 습관이 되어서 그런 것 같다. 가사처럼 말을 하는 법을 터득한 것일까. 나름의 발전이라고 봐도 될까 싶다. 떠오르는 문장들이 바로 가사가 되기 시작했다.

> ㉾ 앨범 발매 직후 '재미공작소' 운영자 두 분과 함께 한 인터뷰를 찾아 읽어보니, 이 곡을 만들 때 〈꼬마 자동차 붕붕〉 주제가 멜로디를 붙이면서 만들었다고 하는데 진짜 그랬는지 잘 기억이 안 난다. 나는 이제 기억력이 좋지 않다. 그렇지만 〈꼬마 자동차 붕붕〉 주제가는 지금도 운전하면서 자주 부른다.

03.

하하하

우리는 하하하하 한다네
우리가 해해해해 해야
해야 하하하하 할 일을
오오오 오오오오 온몸이 부서질 때까지

오 센트럴 파크의 잠자는 술꾼도
어두운 정글의 사자 사냥꾼도
중국 치과 의사도 영국 여왕도
모두가 잘도 맞아 돌아가네
같은 기계 장치 안에서

우리는 하하하하 한다네 *(좋아 좋아 정말 좋아)*
우리가 해해해해 해야 *(좋아 좋아 정말 좋아)*
해야 하하하하 하는 일을 *(좋아 좋아 정말 좋아)*
오오오 오오오오 온몸이 부서질 때까지

우리는 하하하하 한다네

우리가 해해해해 해야

해야 하하하하 하는 일을

오오오 오오오오 온몸이 부서질 때까지

서로 다른 사람들이 같은 기계 장치 안에서

좋아 좋아 정말 좋아

좋아 좋아 정말 좋아

좋아 좋아 정말 좋아 #

열쇠가 없는 방문을 잠글 수 없었다
04. 오리발 나무

내가 집으로 쓰던 학교 작업실 앞에는 잎사귀가 오리발처럼 생긴 커다란 나무가 있었다.*(나중에 찾아보니 중국단풍나무라고 한다)* 학교 갔다 돌아오면 나뭇잎이 창문을 넘어 들어와 책상 위에 떨어져 있었다. 내가 없는 동안 오리발처럼 생긴 나뭇잎이 책상 위에 올라와 있는 모습이 재미있었다.

　학교 작업실*(정확하게는 동아리실)*은 보안이 전혀 안 되는 곳이었다. 안에 있을 땐 그나마 문을 잠글 수 있었지만, 열쇠가 따로 없어서 밖에 나갈 때 문을 잠그고 나갈 수 없었다. 그 방 안에서 제일 귀중한 건 살아 있는 고양이 준이치였고, 그다음이 흰둥이 맥북과 외장하드였다. 누가 이 세 가지 때문에 여길 털어가진 않겠지 싶어 그냥 살았다. 학교에 입학한 직후부터 졸업할 때까지 문과 창문 모두 보안이라고는 없는 이 동아리실 겸 나의 집에서 잘 살았다. 완전히 집으로 살 때도 있었고 따로 집이 있을 땐 친구들과 함께 작업실로 쓰며 왔다 갔다 했다. 동아리 정체성은 전자음악 동아리였지만, 별다른 활동은 하지 않았다. 가끔 학교 축제 무대에 올라가서 친구들과 이상한 퍼포먼스를 하거나 학교 이곳저곳에서 음악을 틀고 춤을 추는 게 다였다. 학교에서 받은 동아리 활동비로는 옷을 샀다.

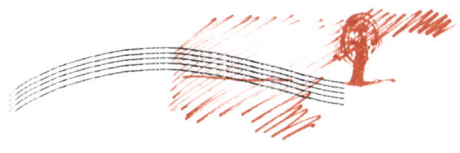

내 방은 그 커다란 나무 때문에 언제나 어두침침했다. 여름에도 전기난로를 켜고 생활했다. 너무 춥고 습해서 지내기 어려운 점도 있었지만, 모든 것이 공짜(실은 학비)였기 때문에 가난한 나에게는 고마운 공간이었다. 방에서 쓰는 집기들은 전부 주워 왔다. 동아리실이 있는 학생회관 건물 옆에 무대미술과 작업 스튜디오가 있었는데, 무대에서 사용한 뒤 버리는 소품들을 밖에 내놓아서 그중에 쓸 만한 것들을 주워다 내 방에 옮겨두었다. 방에는 주워 온 거울이 대여섯 개나 됐다. 내게는 거울 앞에 가만히 앉아 내가 정말 존재하는지 들여다보는 습관이 있다.(자세한 내용은 내 첫 산문집 『대체 뭐하자는 인간이지 싶었다』에 나온다) 책꽂이와 의자는 학교 본관에서 주워 왔고, 테이블은 학교 축제 때 주워 왔고, 누군가 버린다는 세탁기도

받아 와서 건물 화장실에 설치했다. 이케아 벙커 침대는 내 돈으로 샀다. 당시 학생으로서 꽤 큰 지출을 감내해야 했지만 공간을 활용할 수 있는 벙커 침대에 너무 꽂혀서 열심히 돈을 모아 샀다.*(약 이십만 원 정도였다)*

사계절 내내 추운 방에서, 휴학 중이라 학교도 가지 않을 때 혹은 방학 때, 노래를 많이 만들었다. 한 달에도 몇 곡씩 쏟아져 나왔다. 사람들이 많이 드나들지 않는 조용한 건물이기에 소리도 꽥꽥 지르면서 노래할 수 있었다. 나는 그때 여러 실험들을 했다. 내가 얼마나 크게 소리 지를 수 있는지, 얼마나 높은음과 낮은음을 낼 수 있는지, 어느 지점에서 삑사리*(라고 하지만 나는 그 갈라지는 음의 표현도 좋아하고 일부러 쓰기도 한다)*가 나는지, 이것저것을 실험했다. 문도 안 잠기는 곳에서 그렇게 나 홀로 실험하고 있으면 누군가 지나가다 그 소리를 듣고 내게 말을 걸러 들어오기도 했다. 고양이를 키우면서 동아리실에 사는 게 학교 내에 공공연하게 소문이 났기 때문에, 고양이를 구경한다고 찾아오는 사람들도 있었다. 잠기지 않는 문을 아무 때나 열어젖히는 사람들이 있어서 문 앞에 '고양이 있음, 주의'라고 써 붙였더니, 고양이 관람객이 더 늘어났다. 지나던 사람들이 "와, 여기 고양이 있나봐!" 하고 문을 벌컥 열어젖혔다. 나는 혼자 쫄면을 먹다가, 김밥을 먹다가, 자다 일어나 고양이 관람객을 맞이하곤 했다. 혼자 외로웠기 때문에 불쑥 찾아오는 고양이 관람객들도 반가웠다. 벙커 침대 밑에, 또 어디선가 주워 온 1인 침대를 설치해 2층 침대로 쓰면서 친구들이 자고 갈 수 있게 만들었다.

정말 많은 사람이 그 방을 오갔고 그 방에서 정말 많은 노래가 탄생했다. 세어보면 약 스물여섯 곡 정도가 그 방에서 탄생한 것 같다. 사실 더 셀 수 없을 정도로 많다. 즉흥곡도 많이 불렀기 때문이다. 기억력이 좋다고 자부하던 나였지만, 실제로는 즉흥곡들을 다 기억할 수 없기에 아쉽다. 꿈에서 지어 부른 노래들도 많다. 꿈이라는 걸 알면서도 '이 노래를 꼭 기억해야지, 꿈에서 깨도 잊지말고 꼭 명곡을 발표해야지' 하고는 잔뜩 잊어버렸다. 꿈에서 만든 노래들은 과연 어떤 곡들일지 너무너무 알고 싶다.

어릴 적 나는 끝이 언제인지 모르는 창작곡을 몇 시간이고 부르는 아이였다고 한다. 가족들의 증언에 따르면 그때 곡 내용은 대부분 공주의 모험이었는데 나를 스스로 공주라고 생각했던 걸까. 이유는 모르겠다. 아무튼 공주는 많은 모험을 했던 모양이다. 가사보다는 멜로디가 어땠을지 너무 궁금하다. 어린이가 창작한 멜로디는 어떤 곡조였으려나. 타임머신이 있다면 그때로 가서 어린 이랑이 부르는 창작곡을 녹음하고 싶다. 한 곡에 한 시간, 두 시간이 될 수도 있는 그 거대한 공주의 대서사 곡을 기록했으면 좋았을 텐데. 나의 가족들 그 누구도 그 것을 기록하지 않았으므로 나는 기억할 수가 없다. 슬픈 일이다. 아쉬운 일이다. ✕ ✕ ✕

> (註) 2022년 여름, 학교 작업실에 다시 찾아가봤다. 건물은 그대로였지만 오리발 나무는 잘려나가고 없었다.

04.

오리발 나무

내 방 창문 앞에 있는 오리발 나무
그 잎사귀가 오리발처럼 생겨서
바람에 흔들릴 때면
내가 안 그랬다고
발뺌을 하는 것만 같아
내 방 창문 앞에 있는 오리발 나무

오히려 믿음이 안 가
오히려 신용이 떨어져
내 것을 훔쳤을 것만 같아
너를 못 믿겠어
내 방 창문 앞에 있는 오리발 나무

가을이 되면 노랗게 물들어
더욱더 오리발 같은 모습으로
겨울이 될 때까지 한층 더 맹렬히
발뺌을 하겠지 너는
내 방 창문 앞에 있는 오리발 나무

오히려 믿음이 안 가
오히려 신용이 떨어져
내 것을 훔쳤을 것만 같아
너를 못 믿겠어
내 방 창문 앞에 있는 오리발 나무
내 방 창문 앞에 있는 오리발 나무 🎵

헤/어/지/자

05. 이상한 일

많은 사람이 파리라고 부르는 곳을 나는 줄곧 '빠리'라고 불렀다. 파리라고 하면 곤충밖에 생각이 안 나서 그랬다. 고등학교를 그만두고 열여섯 때부터 어울렸던 연상의 친구 시원은 내가 대학을 다니기 시작하자 곧 빠리로 유학을 떠났다. 2010년 봄, 연인과 이별하고 슬퍼하던 나는 빠리에 있는 시원을 만나고 싶어 한국장학재단에서 생활비 대출을 받아 비행기 티켓을 샀다. 원래는 시원의 집에서 머무를 예정이었으나 빠리에 도착하기 직전에 시원은 애인과 집을 합치게 되어, 나는 비어 있는 시원의 애인 집에서 한 달 반 동안 혼자 지내게 됐다. 시원의 애인은 내게 집을 빌려주었다가 내가 다시 한국으로 돌아간 뒤에 집을 정리한다고 했다.

떠나는 날이 다가오고 있을 시점에 인생 처음으로 그리 원치 않던 소개팅에 나가게 됐다. 이별 후에 매일 "나무 위에 올라 큰 소리로 울던"*(2집 《신의 놀이》 수록곡 〈이야기속으로〉 가사)* 나를 보다 못해 친구가 소개팅 자리를 주선한 것이었다. 검은 옷에 선글라스를 끼고 홍대 '산울림

소극장' 1층에 있는 카페 수카라 야외 테이블에서 소개팅을 했다.

그는 초면에 내 얼굴이 자기 취향이라며 만나보고 싶다고 말했다. 나는 이별한 직후라 아직 누굴 만날 수 있을지 잘 모르겠고 곧 빠리로 떠날 예정이라고 했다. 그랬더니 그는 자기도 빠리에 함께 가겠다며 기세 좋게 항공권을 끊었다. 그렇게 나는 직항, 급하게 표를 산 그는 경유 비행기를 타고 빠리로 향하게 되었다. 그는 나보다 하루 먼저 빠리에 도착해 내가 빌려놓은 친구 애인 집에서 나를 기다렸다. 우리는 빠리에서 연애와 동거 생활을 시작했지만, 시작과 동시에 관계는 빠르게 하락세를 탔다.

시원의 애인 집은 원룸이었다. 침대 하나, 아주 작은 테이블 하나, 작은 부엌과 창문 하나만 있는 집이었다. 좁은 집과 점점 나빠지는 관계 속에서 함께 있기 불편한 시간이 늘어났다. 2~3주 지났을 때, 이별을 예상할 수 있는 이야기가 그의 입에서 먼저 나왔다. 한여름, 빠리의 노천카페에서 그는 '남은 감정이 없다'고 말했다. 그 얘기가 나온 뒤로도 한집, 한 침대에 함께 머물렀다. 먼저 얘기를 꺼낸 사람이 산뜻하게 나갔으면 좋았을 텐데 돌아가는 마지막 날까지도 엄청나게 불편하고 애매한 동거를 이어나갔다. 나중에는 그 집 안의 공기로 숨을 쉴 수 없을 정도였다. 그럴 때 나는 밖으로 나가 집 근처에 있는 오페라 극장 계단에 앉아 있었다. 낮에 근처를 지날 때마다 사람들이 이곳 오페라 극장 계단에 앉아 있는 모습을 봤고, 다들 거기 앉아서 뭘 하는지 궁금했기 때문이었다. 마침내 그곳에 가 앉아보니 다들 별 목적 없이 앉아 있었다는 걸 금방 알게 됐다. 와인을 마시며 친구들과 대화하는 무리도 있었지만 그야말로 그냥 앉아만 있는 사람들이 대부분이었다. 나도 대충 자리를 잡고 그냥 앉아 있었다. 담배를 피우기도 하고, 노트에 그림을 그리기도 하고 일기도 쓰면서 시간을 보냈다. *(이때 〈오페라 극장〉이라는 노래도 만들었는데, 미발표곡이다)* 딱히 나에게 말을 걸거나 관심 있어 하는 사람도 없었다.

어릴 때 원가족으로부터 도망쳐 나온 나에게 친구 사귀기와 연인 사귀기는 인생에서 가장 주요한 프로젝트였다. 태어나 보니 마련되어 있던 원가족 구성원들과 달리 나와 비슷한, 나를 이해할 수 있을 것 같은 사람들을 찾고 그들과 새로운 가족을 만들고자 했다. 그 목표에 너무 집착하다보니 열일곱에 만난 연상의 연인과 곧바로 결혼하려고 했다. 법적으로 불가능한 미션이었기에 얼른 성인이 되기만을 손꼽아 기다렸다. 다행히(?) 성인이 됨과 동시에 결혼하는 일은 벌어지지 않았고, 되려 몇 번의 이별을 경험하는 일만 계속됐다.

이별을 경험할 때마다 극심하게 무너져내렸다. 원가족처럼 원래 있던 관계도 아닌, 나 스스로 선택하고 노력하고 발견한 관계가 깨지는 일은 내가 먼저 원했든 상대가 원했든 둘 다 원했든 매번 커다란 충격이었다. 헤어지자는 말은 어떤 경우라도 입 밖으로 잘 나오지 않았다. 그건 상대방들도 마찬가지였던 것 같다.

다른 사람을 만나보고 싶어.
너한테는 다른 사람이 더 잘 맞을 것 같아.
우리 좀 편하게 지내자.
남은 감정이 없어.
나 좀 놔줄래. 이제 막살고 싶어.
사랑하지 않아.

내 이별의 장면들 속에는 위와 같은 말들이 등장했다. 이 말들은 결국 헤어지자는 의미로 쓰였다. '헤/어/지/자'는 네 음절을 서로 주고받지 않아도 이별은 곧 성립됐다. 하지만 첫 이별을 경험했을 때부터 지금까지도 나는 여전히 이 네 음절을 입 밖으로 꺼내기가 어렵다.

이상한 일

방학을 맞아 우리는 여행을 가기로 했지

나는 직항 너는 경유 비행기를 타고

빠리에 도착해 줄을 서서 마카롱을 사 먹고

공동묘지를 구경했지 사진을 찍었지 너는

너는 카페에 앉아 감정이 없다고 내게 말했지

나는 지나가는 사람들을 구경하면서

아무 말도 안 했지

뭔가 반복되는 기분

뭔가 반복되는 이별

처음 해봤을 때부터 지금까지

멀리 떠나왔어도 똑같은 이 기분에

아무 말도 안 했지

우리는 연애하기 위해 만났었으니까

아마 친구로는 지낼 수가 없을 거야

만약 그렇게 해보자고 니가 말한대도

얼굴을 보면 막상 또 손을 잡고 싶어질 거야 나는

그러면 또 너는 곤란해지겠지

뭔가 반복되는 기분

뭔가 반복되는 이별

처음 해봤을 때부터 지금까지

멀리 떠나왔어도 똑같은 이 기분에

아무 말도 안 했지

방학을 맞아 우리는 여행을 가기로 했지

나는 직항 너는 경유 비행기를 타고 🎵

너희들 덕분에 뮤지션이 됐다
06. 럭키아파트

1집 《욘욘슨》에 실린 〈럭키아파트〉와 〈프로펠러〉 가사는 대학 친구인 윤상정이 썼다. 종종 시를 쓰던 상정이 군대에서 휴가를 나오면 당시 내 연인이었던 동환이와 나 이렇게 셋이 함께 우리 집에서 지냈다. 놀다가 셋이 나란히 누워 잤다. 상정이는 자면서 자꾸 동환이 젖꼭지를 만졌다. 그건 상정이가 어릴 때부터 가지고 있는 습관이었다.*(내가 상정이 옆에서 자지 않아서 다행이었다)* 동갑내기 친구들이었던 우리는 잉여로운 시간을 다양한 놀이로 흘려보냈다. 노래 만들기에 흠뻑 빠져 있던 나는 상정이가 군 생활 중 써둔 일기나 시를 읽고 노래로 만들고 그걸 함께 부르는 것을 좋아했다. 어느 날 밤, 상정이의 노트에 있던 '럭키아파트'*(제목이 붙어 있었는지는 기억이 나지 않는다)*라는 시인지 메모인지를 보고 노래를 만들어보기로 했다. 나는 열일곱에 집을 나오기 전까지 줄곧 원가족과 아파트에서만 살아봤고, 아파트에서 아파트로 열 번 넘게 이사했기 때문에 상정이의 글 속에 있는 복도식 아파트의 바람을 너무 잘 알고 있었다. 초

여름, 복도식 아파트 7층의 선선한 바람을. 그 바람의 쓸쓸함과 시원함을 노래하고 싶었다.

좁은 거실의 작은 테이블에 함께 앉아 노래를 만들고 그 자리에서 녹음했다. 상정은 소위 말하는 심각한 음치였다. 매번 부르는 음이 달랐지만 그래도 상정의 코러스를 녹음하고 싶어서 옆에 앉아 한 음 한 음 짚어가며 특훈 겸 녹음을 진행했다. 그때는 상정이 노트를 넘기는 소리도, 기침 소리도, 준이치 울음소리도 다 들어간 녹음들이 몇 년 뒤 그대로 앨범이 될 줄 몰랐기에 마냥 '음악놀이'를 하는 데 빠져 있었다.(2012년 발매한 1집 《욘욘슨》은 내 휜둥이 맥북 내장 마이크로 녹음한 곡들을 마스터링만 해서 발매했다) 상정이가 쓴 일기나 시뿐 아니라, 책을 읽다가, 드라마를 보다가, 수업을 듣다가 노래로 부르고 싶은 문장들을 발견하면 거침없이 기타를 치며 즉흥 노래를 지어내던 시절이었다. 지금 생각하면 조금 부끄럽지만, 그때는 전혀 부끄럽지 않았다. 어딜 가나 기타를 들고 갔고, 첫 수업 자기소개 시간에도 앞에 나가 기타를 치며 노래를 불렀다.(난 영화과였는데……) 그 모습을 지금의 내가 다시 본다면 항마력이 딸려서 손에 땀이 날 것 같다.

아무튼 음치인 상정이와 녹음하면서 많이 짜증도 났지만 엄청 웃기고 즐겁기도 해서 이 곡에 좀 특별한 애정이 생긴 것 같다. 우리는 이 노래를 가지고 2010년 5·18민주화운동 30주년을 기념하며 시작한 제1회 오월창작가요제에 출전했다. 태어나 처음 가보는 광주에서 엄청 떨면서 무대에 올랐던 기억이 난다. 무대 직전에 비상구 계단에서 계속 노래를 연습했다. 목소리가 울리는 복도여서 연습하기 좋았다. 이 곡에서 가장 높은 음은 '어느 유월~' 부분인데, 이 곡을 만들었을 때도 지금도 그 부분은 부르기가 어렵다. 연습할 때마다 '월~'에서 삑사리가 나서 매번 자신이 없다. 하지만 이상하게도 무대 본방에서는 어렵지 않게 불러낸다. 그것은 예나 지금이나 같이 무대에 서는 밴드 연주자들 덕이라고 본다. 혼자 연습할 때와 달리 밴드와 함께 무대에 서면 양옆과 뒤에서 울리는 크고 다양한 소리 때문에 에너지 드링크를 마신 것처럼 기운이 쭉쭉 올라간다. 그래서 평소에 부르기 어려워하는 몇 개의 곡도 완창할 수 있다. 혼자 음악 놀이를 하던 때(2006~2011)에는 딱히 다양한 연주자들과 만날 기회가 없었다.

G, F, E, D, C, D

솔 파 이 레 도 이 도 이

나는 2006년부터 쓴 흰둥이 맥북에 들어 있는 '가라지밴드'라는 프로그램을 써서 노래를 녹음했는데, 그때는 녹음에 대한 아무런 지식이 없어서 모니터 상단에 있는 내장 마이크에 대고 모든 걸 녹음했다. 목소리는 물론 들어가는 모든 소리를 그렇게 녹음했다. 빗소리가 필요하면 창문을 열고 노트북을 살짝 밖을 향하게 두고 빗소리를 녹음했고, 〈삐이삐이〉에는 돌고래 소리가 필요해서 학교 편집실 안에서 사운드 라이브러리에 있는 돌고래 소리를 틀고 편집실 스피커 앞에 노트북을 대고 녹음을 땄다. 가라지밴드를 수년간 사용하다 보니 프로그램 안에 가상 악기가 있다는 것도 알게 되었고, 그때부터는 노트북 자판을 눌러가면서 드럼 소리도 넣고 피아노 소리도 넣고 플루트, 첼로, 베이스 소리도 다 넣기 시작했다. 노트북 하나로 이렇게 음악이 뚝딱뚝딱 완성되는 게 너무 재미있었다. 결코 내가 음악가가 될 거라곤 생각도 하지 않았다. 하지만 영화과 학생의 취미 생활이라고 하기엔 너무 많은 시간을 그것만 했다.

만들고 녹음하고 부르기를 반복하다가 '혹시 이걸 팔 수 있나?' 하는 생각이 들었다. 돈이 영 없었기 때문이다. 어찌저찌 만들어둔 곡 수는 스무 곡이 넘어서, 어디라도 나가서 한번 팔아보자는 결심이 섰다. 2010년 봄부터 홍대에 있는 클럽들을 찾아가 오디션도 보고 평일 애매한 요일/시간을 배정받아 공연을 시작했다.(듣보 밴드는 수요일이나 목요일에 무대에 서게 해줬다) 내 목표는 노래를 팔아 돈으로 바꾸는 거였는데, 막상 공연을 마친 뒤에는 천 원도 주지 않았다. 노래를 팔기 전에는 그림을 그려서 팔았고, 옷을 도매로 사서 소매로 팔았다. 항상 뭔가를 팔아 돈으로 바꿨는데, 입장료를 받는 클럽에서는 왜 내게 천 원도 주지 않았을까. 의문을 안고도 공연은 계속 해나가면서 조금이라도 돈을 주는 곳을 찾기 시작했다. 작은 무대가 마련되어 있는 데이트 카페. 홍대 구석진 곳에 있는 바. 공연보다는 라이브 BGM에 가까운 무대들을 찾아다니며 적게는 일이만 원 많게는 오만 원을 받으며 '노래 팔기' 미션을 이어나갔다. 적은 돈이었지만 그래도 무료가 아닌 공연을 하면서 조금씩 동료들도 만나게 됐다. 그렇게 만난 무명 뮤지션 몇몇과 중국집 찌라시를 흉내 내 '음악 배달' 찌라시를 만들어 돌리고 다녔다. 전화로 '음악 배달'을 주문하면 어디든 가서 노래를 부르겠다는 나름의 홍보 전략이었다. 무료 배달은 아니었고. 다만 만 원이라도 주면 갔다. 전철을 타고 버스를 타고 어르신들이 막걸리 마시는 모임에도 가서 노래했다. 학교 안에서 노래하고 놀던 때를 지나, 노래를 팔아보겠다 결심한 뒤로 천천히 한 걸음씩 음악 시장에 발을 디뎌갔다.

경험이 적은 뮤지션은 '팔고 싶은 곳'에서 음악을 팔기 어려웠기에 '팔 수 있는 곳'이라면 어디든 갔다. 그러면서 '내 음악을 어떻게 팔아야 할까' 점점 더 많이 생각하게 되었다. 어떤 모습으로, 누구와 함께하는지도 고민할 문제였고 단지 노래를 이어 부르는 것만이 아닌 중간중간 어떤 말로 곡을 소개할지, 어떻게 관객에게 호감을 살지도 전부 고민거리였다. 무대에 함께 설 동료를 찾아서 주변 사람들을 매우 꼬셨다. 학교 게시판에 '나랑 같이 밴드 할 사람~' 구인 광고도 올려봤다.(그 구인 광고를 보고 나타난 사람은 현재 다큐멘터리 영화감독으로 활동 중인 이길보라다. 보라가 젬베를 조금 칠 줄 알아서 2인조로 함께 1년간 활동했다) 영화과 동기 중에 피아노를 좀 칠 줄 아는 언니를 꼬셔서 무대에 서기도 하고, 학교 내 다른 밴드 동아리를 하는 친구를 꼬셔서 밴드도 만들어보고, 버클리 음대에 유학 갔다 돌아온 사촌 동생을 꼬셔 2인조로 무대에 서기도 했다. 〈럭키아파트〉를 작사한 상정이랑도 같이 몇 번 무대를 했다. 나는 계속 더 무대에 나가 노래를 팔고 싶었지만, 그렇게 오랫동안 같이 무대를 할 수 있는 사람을 찾기는 어려웠다. 2006년부터 이런저런 형태로 몇 개의 밴드명과 이름을 거쳐 이윽고 2011년부터 '이랑밴드'라고 불리는 3인조 형태가 갖춰졌다.(드럼 조인철, 코러스/실로폰 유혜미, 기타/보컬 이랑)

    1집을 발매하고 조금씩 더 '시장' 안으로 들어가면서 협연의 기회 등을 통해 다른 뮤지션, 밴드, 그리고 연

주자들을 알게 됐다. 취미로 음악을 만들던 나와 달리 어릴 때부터 악기를 전공하여 프로 연주자가 된 사람들, 화성학을 공부하고 악보를 읽는 사람들, 기타가 아닌 다양한 방식으로 음악을 만드는 사람들 그리고 내한 공연을 하러 온 해외 음악가들 등등. 동료이자 친구가 된 사람들이 '자기 음악'이라며 건네주는 CD를 받으면 나도 내가 만든 CD를 건네줬다. 그렇게 자기 음악을 주고받으며 동시대 음악가들과 음악을 알아나갔다.

처음 가라지밴드와 나 둘이서 음악을 만들 때는 뭐 하나 부족하다는 생각도 없었다. 하지만 가라지밴드 프로그램 안에 있는 가상 악기가 아니라 실물 악기를 연주하는 사람들을 직접 보니 완전히 생각이 달라졌다.

"진짜가 나타났다."

실물 드럼, 실물 베이스, 실물 첼로, 실물 바이올린, 실물 색소폰, 실물 피아노, 실물 퍼커션…… 그리고 혼자 컴퓨터 앞에 앉아 하염없이 내 목소리에 내 목소리를 얹는 코러스가 아닌 실물 합창단까지. 인원이 모이면 모일수록 무대 위 에너지가 넘쳤고 함께하는 사람들의 힘을 받아 부르기 어려운 곡들도 얼마든지 불러낼 수 있었다. 2집《신의 놀이》를 녹음하며 녹음에 참여한 연주자들과 함께 밴드를 꾸리면서 3인조에서 5인조로 구성이 바뀌었다.*(첼로 이혜지, 드럼의 김영훈, 베이스/키보드 이대봉, 코러스/퍼커션 유혜미, 기타/보컬 이랑)* 3집 《늑대가 나타났다》를 녹음할 때는 여기에 '아는언니들' 합창단을 더해 전례 없이 많은 인원이 참여했고, 활동은 '밴드 5인+합창단 5인' 구성, 총 10인조로 움직였다. 페스티벌 등 특별 무대에 갈 때는 '아는언니들' 합창단에서 인원을 충원하여 스무 명이 넘는 인원이 무대에 오르기도 했다.

📝 '이랑밴드' 3인조 형태의 모습은 유튜브에 '이랑 잘 알지도 못하면서'를 검색하면 볼 수 있다. 비 오는 날 홍대 거리에 설치한 작은 천막 무대에서 했던 2011년 전국자립음악가모임 뉴타운컬쳐파티 51+ 공연인데, 이 기록 영상은 영화과 동기인 아름이가 찍어주었다. 드럼의 인철은 2집 《신의 놀이》 앨범 녹음까지 참여하고 그만두었다. 코러스의 혜미는 2021년까지 10년을 채우고 잠정적으로 은퇴했다. 코러스의 혜미가 은퇴한 뒤, 합창단 멤버였던 나나가 승진(?)하여 키보드/코러스를 맡았다. 드럼의 영훈은 지병으로 인해 3집 녹음을 마지막으로 은퇴하였고, 3집 활동부터는 새 드러머 전호가 함께하고 있다.

📝 높은음 때문에 부르기 어려운 곡: 〈럭키아파트〉 〈슬프게 화가 난다〉 〈좋은 소식, 나쁜 소식〉 〈늑대가 나타났다〉 〈빵을 먹었어〉 〈환란의 세대〉 등

📝 2023년까지의 활동에서 무대에 함께 선 최대 인원은 마흔 명이다. *(2022 서울가요대상 시상식 무대)*

06.

럭키아파트

난 아파트에 살았었지 우리 집은 702호
형과 나는 한 침대에 누워 잠들었네
아버지는 가난했고 어머니는 친절했지
나는 형의 젖꼭지를 만지며 잠들었네
난 학교 가기 싫었지만 선생님이 미웠지만
매일 작은 방 안에서 놀다 잠들었네

어느 유월
복도 끝에서 불어오던 바람

난 아파트에 살았었지 우리 집은 702호
형과 나는 한 침대에 누워 잠들었네
아버지는 가난했고 어머니는 친절했지
형의 젖꼭지를 만지며 난 잠들었네
학교 가기 싫었지만 선생님이 미웠지만
매일 작은 방 안에서 놀다 잠들었네
키가 너무 작았지만 우리들은 더웠지만
까치발로 서 있어도 창문은 높기만 하네

04:40

어느 유월

복도 끝에서 불어오던 바람

그 바람, 바람, 바람, 바람, 바람, 바람, 바람, 바람, 바람
바람, 바람, 바람, 바람, 바람, 바람, 바람, 바람, 바람, 바람

나는 럭키
아파트에 살았었지 #

돌고래 소리를 찾아서

07. 삐이삐이

다큐멘터리 영화 〈더 코브: 슬픈 돌고래의 진실〉을 보고 난 직후, 자고 일어나자마자 이 노래의 가사와 멜로디가 떠올라 그날 바로 학교 편집실에 가서 녹음을 했다. 당시 나는 영화과 1학년 때 '무조건' 사야 했던 2006년산 흰둥이 맥북으로 모든 노래를 녹음했다. 이 노래에 돌고래 소리를 꼭 넣고 싶었는데 맥북 내장 마이크에다 녹음하는 방법 말고는 몰랐기 때문에 맥북을 들고, 학교 편집실에 가서 편집실 컴퓨터에 있는 사운드 라이브러리에서 돌고래 소리를 찾은 다음 스피커로 그걸 틀고, 그 소리를 맥북 내장 마이크로 받아 녹음했다. 지금이라면 그냥 돌고래 소리 파일을 찾아서 프로그램에 넣으면 되는 것인데, 정말이지 컴퓨터를 가지고 할 수 있는 가장 아날로그적 방법으로 1집을 만들었다.

돌고래에 대해 알면 알수록 정말 좋아하게 된다. 그들의 소통 방식도 흥미롭다. 심지어 지역에 따라 언어가 다르고 그걸 통역하는 돌고래도 있다고 한다.(*책에서 봤*

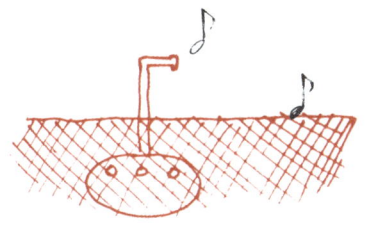

다) 매끈매끈한 피부, 뾰족 둥근 주둥이, 어쩐지 만지고 싶고, 조금 타고 싶기도 한 몸의 모양. 게다가 웃고 있는 듯한 표정 때문에…… 사람들은 돌고래를 구경한다. 보고 싶은 마음은 알겠지만 가두어 구경하는 것은 정말 싫다. 신체 능력으로는 상위 포식자 위치를 차지하기 어려운 호모사피엔스가 언어 능력과 지능으로 지구 최상위 포식자가 된 이 문명사회에서 어떻게 해야 여러 생명이 공존할 수 있을까. 문명이 발달하면 할수록 그럴 수 있는 방법과 기회는 지금보다 더 많이 찾을 수 있을 텐데,

라는 생각을 하며 오늘도 나는 다른 생명을 입에 넣고 삼키며 살고 있다.

삐이삐이

걷지 않으면 나가지 못하는 것처럼
부르지 않으면 노래가 없는 것처럼
삐이삐이

어쩌면 우리는 아무도 아닌지 몰라
해파리보다 일찍 사라지니까
그렇다고 죽어 있을 수만은 없잖아
아무것도 안 하면 아무도 아니게 되니까

걷지 않으면 나가지 못하는 것처럼
부르지 않으면 노래가 없는 것처럼
삐이삐이 함께 부르고 싶어
삐이삐이 계속 만나고 싶어
삐이삐이 함께 춤추고 싶어
삐이삐이
놀아

걷지 않으면 나가지 못하는 것처럼

부르지 않으면 노래가 없는 것처럼

하지만 내일을 기다리는 것처럼

내일이 오지 않을 것처럼

삐이삐이 함께 부르고 싶어

삐이삐이 계속 만나고 싶어

삐이삐이 함께 춤추고 싶어

삐이삐이

놀아 #

스스로에게 숙제를 내고 푼다
08. 욘욘슨

커트 보니것의 소설 『제5도살장』에서 이 가사를 발견했다. 주인공이 전쟁터로 실려 가는 창문 없는 기차 안에서 이 구전 민요 가사를 떠올리는 장면이 있었다. 책 속 텍스트로만 된 이 민요가 어떤 멜로디일지 궁금했다. 궁금해하다 맘대로 멜로디를 붙여 불러봤다. 영원히 부를 수 있는 돌림 노래 형태로 된 노래였기에, 어릴 적 내가 자주 부르던 놀이/노래들을 기억해내서 곡 구성에 붙여나갔다.

가위바위보들보들개미똥구멍멍이가노래를한다람쥐가소풍을간다람쥐가노래를한다람쥐가……

개똥아
똥쌌니
아니오

내 흰둥이 맥북에는 여러 개의 욘욘슨(을 만드는 과정) 비디오가 있다. 혼자 트라이앵글도 치고 마이크와 앰프를 연결해 막 이상하게 울리는 효과도 내보고 그 모든 걸 잠시 멈추고 미간을 찡그리고 카메라를 말없이 쳐다보고 있을 때도 있다. 노래를 처음 만들던 시기에는 자주 포토 부스를 켜고 영상으로 기록했다. 기타 치는 것을 배우지 않고 아무렇게나 되는 대로 하고 싶은 대로 만들었기 때문에 나중에 '어떻게 쳤지? 뭘 짚었지?' 기억할 수 없었다. 코드 이름도 모르기 때문에 손 모양을 기록해둬야 나중에 그걸 보고 다시 그 노래를 부를 수 있었다. 지금은 몇 개 메이저 코드는 외우고 있다. 메이저 코드 아닌 건 아직도 외우는 시스템을 모르겠다. 악보는 뭐…… 아예 볼 줄 모른다.

1집 곡들은 대체로 작곡 전성기에 숨 쉬듯 토해내며 빠르게 만들어냈지만, 이 곡은 무척이나 시간과 공을 들여 만들었다. 여러 번 실험을 거쳐 구성을 다듬고 구전 노래, 놀이 노래 등 어떤 요소를 붙일지 뗐다 붙였다 가지고 놀았다. 돌림 노래라는 콘셉트를 잘 살리기 위한 보컬 녹음 방식도 여러 가지로 고민했다. 이때까지만 해도 음악적 동료가 없었기 때문에 많은 시간 나와 흰둥이 맥북 내장 마이크, 그리고 포토 부스, 가라지밴드와 합을 맞춰 완성해나갔다. 실험하는 재미가 있었다.

　　스스로에게 미션을 주고 풀어나가는 게 창작자의 재미가 아닐까.

♪ 기타로 작곡하지 말자

♪ 춤을 추면서 노래를 만들어보자

♪ 판소리처럼 리듬과 보컬로만 된 곡을 쓰자

♪ 피아노(*칠 줄 모르지만*)로 작곡해보자

♪ 후렴이 없는 곡을 써보자

♪ 외국어로 작사해보자

♪ 투쟁가를 만들어보자

♪ 특정 인물에게 선물할 곡을 써보자(*누군지는 비밀로 하자*)

♪ 시원하게 샤우팅을 많이 하는 곡을 만들어보자
　(내 목청의 한계를 느껴보자)

♪ 따라 부르기 힘든 곡을 써보자

♪ 따라 부르기 쉬운 곡을 써보자

♪ 알아들을 수 없는 소리로, 말에 의미가 없는 가사를 쓰자

♪ 시를 노래로 만들어보자

　　이런 재미는 아이디어를 떠올리고, 만드는 과정에서 혼자 느끼기 때문에 조금 아쉽다. 고독한 매드 사이언

티스트의 시간. 창작은 고독할 수밖에 없는 걸까? 밴드를 하면…… 나아질까. 함께 작곡하는 경우를 팀 멤버라고 부르고, 있는 노래를 연주하면 세션이라고 부른다.(그 구분법을 알게 된 지 얼마 안 됐다) 나와 함께 무대에 오르는 사람들은 세션과 멤버를 섞어놓은 성질이다. 내가 새로 곡을 써서 들려주면 연주자들이 각자 자기가 할 연주를 스스로 만들어낸다. 합주를 하고 의견을 주고받으며 곡을 구성해나간다. 최종 결정은 내가 한다. 이 시간에는 그렇게 고독하지 않아서 참 좋다. 이들과 함께 완전히 처음부터 같이 만들어나가는 것도 해보고 싶다. 근데 이들도 항상 너무 바쁘다. 모두들 왜 이렇게 지옥같이 바쁘게 사는 걸까. 갑자기 다 괴롭기만 하다.

08.

욘욘슨

내 이름은 욘욘슨 위스콘신에서 일하죠
그곳 제재소에서 일하고 있죠
거리를 걷다가 만나는 사람들 그들이 내게
'이름이 뭐요' 하고 물으면 이렇게 대답하죠
내 이름은 욘욘슨 위스콘신에서 일하죠
그곳 제재소에서 일하고 있죠
거리를 걷다가 만나는 사람들 그들이 내게
'이름이 뭐요' 하고 물으면 이렇게 대답하죠
내 이름은 욘욘슨 위스콘신에서 일하죠
그곳 제재소에서 일하고 있죠
거리를 걷다가 만나는 사람들 그들이 내게
'이름이 뭐요' 하고 물으면 이렇게 대답하죠

개똥아
똥쌌니
아니오
개똥아
똥쌌니
아니오
개똥아
똥먹니

아니오

개똥아

똥먹니

아니오

토마토

도마도

오디오

오레오

고맙고

긔엽긔

기러기

기중기

내 이름은 욘욘슨 위스콘신에서 일하죠
그곳 제재소에서 일하고 있죠
거리를 걷다가 만나는 사람들 그들이 내게
'이름이 뭐요' 하고 물으면 이렇게 대답하죠 🎵

밤에 먹는 걸 멈출 수가 없다

09. 먹고 싶다

1집 발표곡들을 다시 듣는 일이 잘 없는데, 이 글을 쓰려고 〈먹고 싶다〉를 몇 년 만에 스트리밍 사이트에서 재생시켰다. 어린 이랑이(아마 이십 대 초반) 뭐가 먹고 싶다고 앳된 목소리로 부르짖고 있었다. 부르짖음이라고 하기엔 청아하게 부르는 편이지만.

    학교 작업실에서 이 노래를 만들었던 기억이 난다. 1집 곡 대부분을 학교 작업실에서 만들었기에 당시 그곳의 온도와 습도와 조명이 자세히 기억난다. 그때 내 주식은 학식과 김밥천국이었다. 학식은 이천오백 원인가 했고, 김밥천국은 오천 원 이상만 배달이 가능했기에 (배달료 없음) 항상 쫄면이랑 김밥을 같이 시켰다. 학식도 배달도 안 되는 밤에는 입구가 넓은 전기포트에 라면을 끓여 먹는 일이 잦았다.

    지금은 먹는 양도 줄었고 소화도 잘되지 않고 몸무게는 오히려 늘었지만 그때는 먹어도 먹어도 더 먹을 수 있었고 자주 배가 고팠다. 맛있는 식당에 가서 옆 테이블에 남긴 음식도 허락만 해준다면 다 먹을 수 있을 것 같았다. 미발표곡이지만 〈One Bite Please〉라는 곡을 만든 적도 있다. 식당 옆 테이블의 맛난 걸 보면서 만들었던 곡이다.

어릴 때 내 별명은 '도둑고양이'였다. 엄마 아빠의 진술에 따르면, 나는 모두가 잠든 새벽에 홀로 일어나 냉장고 안에 음식들을 털어먹었다고 한다. 아침에 일어나 방에 가보면 어린 이랑은 입가에 음식의 흔적을 남기고 잠들어 있었다고 한다. 하지만 나는 그때의 기억이 전혀 없다. 몽유병이었나 싶을 정도로 왜 그랬는지 어떻게 그랬는지 아무것도 생각이 안 난다. 그보다 한창 어릴 때의 기억도 많이 있는데 말이다. 그때도 충분히 배가 부르지 않아서였을까.

밤에 뭘 먹으면 건강에 안 좋다고 하는데, 나는 항상 밤에 먹는 걸 좋아했고 지금도 그렇다. 나에게는 '편의점'이라고 부르는 부엌 싱크대 서랍 하나가 있다. 밤에 군것질을 하고 싶을 때(매일이지만) 부엌 편의점을 열고 거기에 있는 과자를 꺼낸다. 실제 편의점에서 사 와 차곡차곡 채워 넣은 나의 편의점에는 내가 좋아하는 먹거리가 들어 있다.

나는 도시락 김을 간식으로 먹는 것을 좋아하고, 참 크래커에 서울우유 체다 치즈를 올려 먹는 것도 좋아한다. 홈런볼은 에어프라이어에 살짝 구워 먹으면 맛있다. 비빔면은 여름에도 겨울에도 자주 끓여 먹고, 라면은 진라면 순한맛과 매운맛을 번갈아 먹는다. 봉지 과자는 콘초코, 도도한 나쵸, 도리토스, 카라멜콘과 땅콩, 쌀로별을 좋아한다. 그 외로 빈츠, 포키, 다이제스트, 크런키, 고래밥, 초코송이(고래밥과 초코송이는 두 개를 뜯어놓고 번갈아 먹는다) 그리고 미왕 쌀과자도 참 좋아한다. 아이스크림은 한 번에 두세 개도 먹는다. 찰떡아이스, 월드콘, 구구크러스트, 액설런트, 메가톤바, 돼지바, 호두마루, 체리마루, 더블비안코, 붕어싸만코, 수박바, 인절미바, 다 맛있다! 최근에 무인 아이스크림 가게에서 자주 사는 건 퍼 먹는 찰떡아이스인데 이건 정말 천재적으로 맛있다. 이렇게 리스트를 쓰기만 했는데도 기분이 좋아진다.

과자랑 아이스크림을 만든 사람이 누군지는 몰라도 참…… 좋은 분인 것 같다. 고마워요.

중학생 때는 밤새서 시험공부를 한답시고, 졸음 방지용 아이스크림을 잔뜩 사서 밤새 연달아 먹었다. 그때만큼은 엄마가 아이스크림 먹는다고 혼내지 않아서 좋았다. 아빠는 청소년 때 가난해서 학교엘 다니지 못하고 아이스-께끼 장사를 했다고 한다. 그 얘기를 엄마에게 듣고 나는 왠지 신나서 아빠 앞에서 "아이스-께끼~"를 연달아 외쳤었다. 그러고는 엄마에게 많이 혼났던 기억이 난다.

스무 살 때 미대 입시 준비를 한답시고 홍대 앞 미술 학원을 다니며 1년 동안 고시원 생활을 했다. 그 고시원 공용 부엌에는 언제나 밥과 김치, 그리고 마늘종 반찬이 제공됐다. 1년 내내 마늘종을 먹었더니 그 뒤로 다시는 먹고 싶지 않아졌다. 그래서 여전히 마늘종은 부득이한 상황이 아닌 이상 *(식당에서 반찬이 그것밖에 나오지 않았을 때)* 잘 먹지 않는다.

살아 있는 시간 내내 먹고, 자고, 일하는 것 같다. 일이 없을 땐 잘 먹지도 못했지만, 지금은 일을 굉장히 많이 하니까 먹는 것을 아끼지 않으려고 한다. 하지만 평생 아끼는 게 습관이 돼서 그런지 어느 식당엘 가나 가장 기본 메뉴를 시킨다. 인터넷으로 식재료를 주문할 때도 최저가 혹은 특가 페이지에서만 고른다. 편의점 쇼핑을 할 때도 무조건 1+1이나 2+1을 고르기 때문에 시간이 꽤 걸린다. 어느 날엔가 편의점에서 2+1 쇼핑에 무척 시간을 들인 후 밖으로 나왔는데 이십 대 초반으로 보이는 여자분 셋이 나를 기다리고 있었다며 인사를 건네왔다. 내가 편의점에 들어가기 전부터 인사하고 싶어서 따라오다가 편의점에서 쇼핑하는 내내 밖에서 기다린 모양이었다. 내가 긴 시간 2+1 쇼핑을 고심해서 하는 모습을 밖에서 세 명의 관객이 지켜봤다고 생각하니 갑자기 무척 부끄러웠다. 그래서 제대로 인사를 하는 둥 마는 둥 하고 집으로 뛰어갔다. 절약은 부끄러운 게 아닌데 왜 그랬는지 모르겠다.

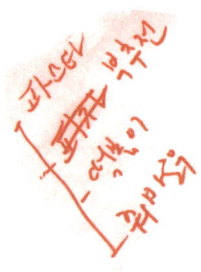

<온곤손을 찾아서> 셋리스트

㈜ 음식에 관한 기억이 너무 많아서 여차하면 이것으로도 책 한 권을 쓸 수 있을 것 같다.

㈜ 이 노래에서 먹고 싶다고 울부짖는 짜장면 피자 치킨 탕수육 중에, 여전히 좋아하는 것은 피자 정도다. 다른 것들은 잘 먹지 않게 됐다.

㈜ 이 노래에서 반복하는 "먹고 싶다"는 '머꼬 시따'로 들린다.

㈜ 후렴구의 "먹고 싶다 맛있고 싶다"는 사람들이 "마시고 싶다"로 듣는 것 같은데, 나는 '뭔가를 먹고 맛있는 상태가 되고 싶다'는 의미로 "맛있고 싶다"라고 썼다. 이 노래 마지막 가사처럼 생각나는 것을 다 먹을 수 있는 삶은 정말 최고로 좋은 삶일 것 같다.

09.

먹고 싶다

뚜뚜루 루뚜루 루뚜루 루루
뚜뚜루 루뚜루 루뚜루 루루
뚜뚜루 루뚜루 루뚜루 루루
뚜뚜루 루뚜루 루

먹고 싶다 먹고 싶다 먹고 싶다
맛있는 걸 먹고 싶다
먹고 싶다 먹고 싶다 먹고 싶다
먹고 싶은 걸 다 먹고 싶다

배달도 안 되는 이 새벽에 어쩐지
짜장면 피자 치킨 탕수육 생각만 나는데
어차피 내일 일어나면 또 김밥천국에나 가서
김밥 한 줄 시켜 먹고 말 텐데
그래도

먹고 싶다 먹고 싶다 먹고 싶다
맛있는 걸 먹고 싶다
먹고 싶다 먹고 싶다 먹고 싶다 먹고 싶다
먹고 싶은 걸 다 먹고 싶다

먹고 싶다 먹고 싶다 먹고 싶다 먹고 싶다

먹을 수 있는 걸 다 먹고 싶다

뚜뚜루 루뚜루 루뚜루 루루

뚜뚜루 루뚜루 루뚜루 루루

뚜뚜루 루뚜루 루뚜루 루루

뚜뚜루 루뚜루 루

꼭두각시 인형 피노키오 나는 네가 좋구나

파란 머리 천사 만날 때면 나도 데려가줄래

우리 아빠 꿈속에 오늘 밤에 나타나 내 얘기 좀 잘해줄 수 없겠니

먹고 싶은 것이랑 놀고 싶은 것이랑 모두 모두 할 수 있게 해줄래

먹고 싶다 맛있고 싶다 먹고 싶다

먹고 싶다 맛있고 싶다 먹고 싶다

먹고 싶다 맛있고 싶다 먹고 싶다

먹을 수 있는 것 생각나는 것 다 먹고 싶다 ∎

재밌게 봐주세요

10. 졸업영화제

2008년 한국예술종합학교 영상원 졸업영화제. 06학번 이 선배들의 졸업영화제에서 실무를 맡은 적이 있었다. 내게 주어진 업무는 졸업영화제 포스터와 팸플릿 디자인 그리고 축하 공연이었다. 나는 얼마 남지 않은 졸업영화제를 앞두고 〈졸업영화제〉라는 곡을 급히 만들기 시작했다. 당시 나는 기타를 치며 노래를 만드는 것에 그 어떤 어려움도 두려움도 없을 때였다. 어차피 영화과 학생이고 노래는 취미로 하는 거니까…….

    노래는 금방 만들어졌지만, 졸업영화제가 열리는 영화관의 음향 장비 등의 이슈로 축하 공연은 무산되었다. 대신 나에게는 또 다른 업무가 주어졌다. 바로 영화제 스케치 영상을 만드는 것. 나는 수일간의 영화제에서 상영을 앞두고 무대 인사를 하는 졸업생들의 인사를 하나하나 전부 찍었다. 놀랍게도 대부분의 졸업생들이 약속한 듯 비슷한 말만 했다.

CREDIT THANKS TO 에 넣을 이름

> 안녕하세요. 저는 〈○○○〉를 연출한 ○○○입니다.
> 이렇게 와주셔서 감사합니다.
> 재밌게 봐주세요.

Special Thanks to

　나는 졸업생들이 거의 같은 멘트를 읊는 게 웃겨서 수십 명의 졸업생들의 비슷한 멘트를 편집해서 스케치 영상을 만들고, 무산된 축하 공연에서 부르려고 했던 곡 〈졸업영화제〉를 깔았다. 하지만 내 스케치 영상을 본 선배들은 그닥 좋아하지 않았다. 본인들을 놀린다고 생각한 모양이었다.

　수년 뒤, 내가 졸업영화제에 섰을 때, 그리고 이후로도 수많은 무대에 섰을 때 나도 똑같은 멘트를 하고 있다는 걸 알았다. 사실, 어딘가에 누군가를 보러 발걸음하는 게 얼마나 어려운지 살면 살수록 잘 알게 되었고, 그런 가운데 내가 만드는 혹은 내가 하는 뭔가를 보러 오는 사람들에게는 그저 감사한 마음뿐이었다. 그래서 '와주셔서 감사하다' 그리고 '재밌게 봐달라'는 말을 나도 무한히 반복하고만 있다.

　이 곡의 가사에 나오는 유명한 대감독들은 대부분 남성이다. 이 곡을 만들 당시만 해도 나는 무조건 '남자가 영화를 잘 만드는 줄'만 알고 있었다. 내가 살아온 세계에서 '대'머시기가 붙은 인물들은 대부분 남자였기 때문이었다. 남성이 만든 세계에서 남성이 찍은 영화를 보

랑아,
　　슬프고 멋진
　　　사랑이 되자.

2015.5.13. 랑이

슬프고 멋진 사랑이
　　되자.

나는 슬프고 멋진
　　사랑이다.

고 그들의 생각에 나를 맞추는 것이 익숙했다. 하지만 막상 영화과를 쭉 다녀보면 여자 동기들이나 여자 선배들이 훨씬 더 재밌고 좋은 영화를 만들었고, 유수의 단편영화제에서 상을 타 오는 것도 여자 동기나 선배들이었다. 그렇지만 졸업하고 나서 먼저 입봉하는 건 남자 선배나 동기였다. 이게 무슨 이상한 조화인가 싶었다. 지금은 그때와 달리 영화계에 '대여성' 감독들이 계속 나오고 있어서 너무 좋다. 너무 신기하다. 나도 좀 늦게 태어날걸…….(말도 안 되지만)

아무튼 이 노래 가사에 넣은 이름 중 지금은 관심 없는 감독들 이름도 있고 해서, 어지간하면 이 노래는 무대에서 부르지 않는다.

10.

졸업영화제

왕가위 고다르 박찬욱 쿠스타리차
짐 자무쉬 다케시 도리스도리 이창동
팀 버튼 이스트우드 김지운 홍상수
아키라 알모도바르 브레송 다케시

졸업하면 나는 뭐 하지
영상원 졸업하면 이제 나는 뭐 하지
아이고 모르겠다 영화나 한 편 때리고
학교 가서 사물함 정리나 해야겠다

왕가위 고다르 박찬욱 쿠스타리차
짐 자무쉬 다케시 도리스도리 이창동
팀 버튼 이스트우드 김지운 홍상수
아키라 알모도바르 브레송 다케시
서수한무 거북이와 두루미 삼천갑자 동방삭
치치카포 사리사리센타 워리워리 세뿌리깡
무두셀라와 두루미 허리케인에 담벼락서생원에 고양이

졸업하면 나는 뭐 하지

영상원 졸업하면 이제 나는 뭐 하지

아이고 모르겠다 영화나 한 편 때리고

학교 가서 사물함 정리나 해야겠다 🔳

한심한 일기를 쓰고 있다

11. 일기

2016년 6월 12일 친구 M의 사망 이후 8월에 그의 청재킷을 입고 무대에서 이 노래를 부른 날이 오랫동안 기억에 남는다. 처음 겪는 친구의 자살이었다. 스무 살 때 사고로 친구를 잃은 경험은 있었지만, 그때는 너무 어렸고 중학교 이후에 만날 일이 없던 친구여서 그저 어안이 벙벙했을 뿐이었다. 하지만 2016년 친구 M의 자살은 여전히 나에게 크나큰 죄책감과 안타까움을 자아낸다. M이 산에 올라 몸을 던지기 하루 전인 6월 11일 토요일, 나는 시청 광장에서 열린 서울퀴어퍼레이드에 드랙퀸 모습으로 참석하기 위해 오전부터 친구 집에 모여 꾸미기에 정신이 없었다. 화장하면서 틈틈이 트위터를 보았다. 당시 트위터를 하고 있던 M이 며칠에 걸쳐 짧은 말들을 올려둔 것을 발견했다. 우울증을 의심할 수 있는 말들이었다.

사랑했고, 사랑해요
나는 이제 여기에 없나봐요

얼마나 슬펐으면 그랬을까. 그 맑은 행동

그런 말들을 후루룩 읽으면서 속으로 '상태가 안 좋군, 내일쯤 전화해야겠군……'이라고만 생각했다. 그리고 그 내일이 왔을 때, 내가 전날의 화려했던 서울 퀴퍼의 사진을 보며 즐거워하고 있을 때 그는 자기 목숨을 산 위에서 아래로 내던졌다. 부고는 다음 날인 13일에 들려왔다. 너무너무 조촐한 장례식에 참석하기 위해 혼자 서울 북쪽으로 향했다. 몇 년 전 아내를 잃고, 다시 하나뿐인 아들을 잃은 M의 아버지에게 그 어떤 질문을 하기 어려웠다. 그래도 나는 알고 싶었다. 친구가 어떻게 떠났는지.

시간이 얼마 지난 뒤, M의 아버지는 M의 방을 정리하겠다며 그 전에 와서 갖고 싶은 물건들을 나눠 가지라고 했다. 그가 평생 살아왔던 아주 작고, 낡은 아파트를 찾아갔다. 우리는 여기서 밥도 먹고 과자도 먹고 같이 영어 스터디도 했었다. 처음 그 집에 갔을 때, 길쭉길쭉 큰 키에 마른 친구가 이렇게 좁은 곳에 용케 살고 있다고 생각했다. 그의 방은 책상과 옷 행거로도 꽉 차는 정말 좁은 방이었고, 그 방에 누우면 그의 발이 방문 밖으로 삐져나갈 정도였다. 그 비좁은 방에 친구들이 모여 그가 남긴 옷가지와 물건을 뒤적여 챙기기 시작했다. 나는 천 가방 하나, 청재킷 하나, 그리고 우리가 함께 찍은 사진들을 챙겼다. 천 가방 속에는 약봉지와 통증을 기록한 메모, 그리고 한강의 책 『흰』이 들어 있었다. 그가 오랫동안 입어서 손목이 다 해져 구멍이 난 청재킷은, 내게 맞는 사이즈는 아니었지만 간직하고 싶어서 가져왔다. 옷에서는 한동안 M의 체취가 남아 있었다. 지금은 그마저도 다 사라져 아무 냄새도 나지 않게 되었다. M이 떠나고 얼마 되지 않아 공연을 해야 했다. 나 혼자 하는 공연은 아니었고 몇몇 팀이 나오는 공연이었던 것 같은데 잘 기억나질 않는다. 나는 그의 청재킷을 걸치고 무대에 올라가 기타 스탠드였는지 마이크 스탠드였는지 아무튼 스탠드에 그의 옷을 걸쳐놓았다.*(청재킷이 두껍고 커서 입고 연주하기는 어려웠다)*

그리고 이 노래를 불렀다. 꾸역꾸역.

너무 많은 게 한스러웠다. SNS의 혼잣말을 보고 바로 전화하지 않았던 것. 그가 아픈 와중에도 정기적으로 만나기로 해놓고 자주 만나지 못했던 것. 당시 내 개인 문제도 있어서 그를 신경 쓸 여유가 너무 없었다. 그마저도 죄책감이 들었다. 왜 나는 이렇게 문제가 많은 인생을 살아서, 도움이 필요한 소중한 친구도 돌아보지 못했는지. 한심하고 한스러웠다.

이 책 맨 앞에 쓴 것처럼 나는 20년 넘는 기간 동안 쓴 수십 권의 일기장을 가지고 있다. 그리고 그 일기들이 온통 같은 이야기만 반복하고 있어서 정말 한심하다고 생각한다. 그렇게 한심한 일기를 여전히 쓰고 있다. 한심한 일기를 여전히 읽고 있다.

2019년에는 사랑하는 친구 D가 말기암 진단을 받았다. 나는 내 온 에너지와 시간을 들여 그를 돕기 위해 뛰었다. 어떻게든 그가 덜 아프게, 오래 살 수 있도록 열과 성을 다해 공을 들였다. 2020년에 D가 사망한 뒤, 1년 반 정도였던 그의 투병 기간에 내 에너지를 과하게 끌어다 쓴 후폭풍으로 내가 아프기 시작했다. 그때 사진을 보고 있으면 내가 얼마나 지쳐 있는지 얼굴 표정에서도 다 드러난다. 사실 그 이후 오랫동안 번아웃 상태에서 스스로 죽음의 경계를 넘지 않으려 매일 다짐하고 있다.

그러기 위해서는 한심한 일기라도 써야 했다. 사랑하는 사람을 잃는 일, 그 시간, 그 고통은 사라지지 않았다. 다시는 겪고 싶지 않았지만 다시 겪을 거라는 걸 너무 잘 알고 있었다. 그래서 자꾸만 죽음을 떠올렸다. 그리고 내 죽음으로 또다시 누군가에게 더해질 고통. 서로가 사랑하기 때문에 되려 주고 싶지 않은 고통이었다. 떠올리고, 참고, 떠올리고, 참아야 했다. 어쩔 줄 모르고 울면서 한심한 일기라도 써야 했다. 이렇게 무서운데도 살아 있는 것에 대해 칭찬받고 싶었다. 대단하다고 칭찬과 응원을 쏟아지게 받고 싶었다.

나는 내가 능력 있는 사람이라고 생각했다. 능력이 있으니까 누군가를 도울 수도 있을 거라고. 체력과 정신력까지 포함시켜야 능력일 텐데, 나는 지성이나 재능을 능력이라고 착각했던 것 같다. 나는 똑똑하고 판단력이 좋으니까 그게 능력이라고 생각했고 그래서 내 능력을 벗어나는 일을 너무 많이 벌였다. 지금 와 생각해보면 친구 D의 투병을 돕기 위해 내가 벌였던 일이 옳은 일이었는지 모르겠다. 누구도 시간을 돌이킬 수 없으니, 이미 벌어진 일을 어찌할 순 없지만 나는 M을 잃은 후회를 두 번 다시 하고 싶지 않아서 D를 도우며 만회하려고 했다. 능력을 한참 벗어나는 과도한 일로 과로하면서. D도 세상을 떠났고 과로했던 탓에 나도 병이 생겼다. 수술도 해야 했고, 한동안 일어나지도 못한 채 회복의 시간을 보냈다.

그사이 언니가 세상을 떠났다. 내 인생 두 번째로 겪는 소중한 사람의 자살이었다.

다시, 일기를 써야 했다. 내 옷장에는 M의 청재킷과 D의 얇은 방수 점퍼와 언니의 코트가 걸렸다. 본래 주인의 체취를 품고 걸려 있던 옷들은 내 집 냄새에 먹혀 이제 아무런 향도 뱉어내지 않았다. 다시, 한심한 일기라도 써야 했다.

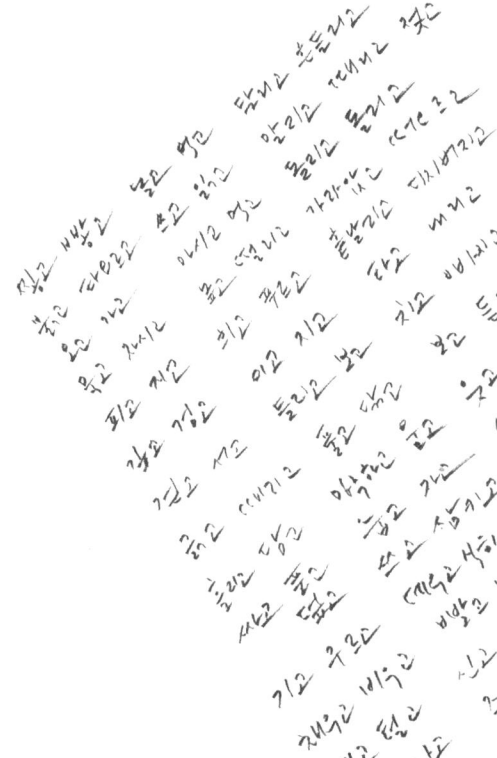

일기

오늘의 내가 일기를 쓰고 있다
내일의 내가 그 일기를 읽고 있다

정말 그런 일들이 실제로 일어났었는지
알지도 모르지도 믿지도 믿을 수도 없는 채로
그저 손만 놀려 쓰는 그 일기를 읽고 있다

오늘의 내가 일기를 쓰고 있다
내일의 내가 그 일기를 읽고 있다

자유의지가 있어서 한 사람이
얼마나 어리석을 수 있는지
나는 몸소 실천해보며 살고 있다

그 일기를 읽고 있다
그 일기를 읽고 있다 ♯

03:25

그때의 친구들에게

12. 프로펠러

애들아 안녕, 나 랑이야. 이랑.

   나를 기억할지 모르겠어서 이 편지를 쓰는 게 부끄럽다.

   어쩌면 너희 인생에 내가 있을 때보다 없을 때가 더 편하기 때문에 우리가 더 이상 만나지 않게 된 것이겠거니, 가끔 그런 생각을 해. 그러다가도 아 이 얘기는 꼭 ○○이랑 해야 하는데, 이건 ○○이랑 맛있게 먹었었는데, 그런 생각도 하고.

   나는 하루 중 되게 많은 시간을 '친구들' 혹은 '친구였던 사람들'을 생각하며 보내. 그게 내 습관이고 어느새 일상이 되어버렸어.

   그런 생각들을 모아 노래를 만들고 이야기를 쓰고 있단다.

   죽어서 만날 수 없게 된 사람들, 살아 있지만 서로 만나지 않기로 약속한 사람들. 만나고 싶지만 거절당한 관계. 내가 먼저 거절한 관계.

안녕
 나는 랑이야
나를 랑이라고
    불러줘.
랑이라고 불러줘서
   고맙다.

살면 살수록 그런 게 늘기만 하네.

만났던 사람들 거의 모든 사람들을 난 기억하지만
잊고 싶은 사람이 많고 잊어야만 했어
갈 수 없는 곳이 점점 늘어나고 난 그렇게 익숙해져

이건 〈대화〉라는 내 노래에 나오는 가사야.

살면 살수록 잊어야 하는 일이 생기고, 가지 말아야 할 곳이 생기는데 아무래도 그게 익숙해지지는 않네. 나는 전보다 훨씬 밖에 덜 나가고, 많은 시간을 그냥 앉아서 생각하면서 보내. 목욕탕 속에 앉아서 보낼 때도 많아.

그럴 때 너희들을 생각해. 너희의 모습과 목소리, 당시 서로 즐겨 쓰던 말투, 그리고 서로에게 상처를 주었던 일들에 대해 계속 생각해. 그러다가 '아 진짜 이제는 못 참겠다' 하고 뒤늦은 연락을 할 때도 있고, 안 할 때도 있고. 뒤늦은 연락 덕분에 다시 이야기가 연결될 때도 있지만, 잠시 통신이 켜졌다 이내 꺼질 때도 있고.

그런 연결과 단절 속에서 오늘도 너희를 생각하고 있어.

한때 우리는 좁은 방에 다닥다닥 몸을 붙이고 그 시간을 서로에게 의지하며 보낸 것 같아. 그때의 시간이 있었기에 지금의 내가 살아 있다고 생각해.

너희도 지금 어디선가 살아 있기를 바라.

어딘가에서 살고 있기를 바라.

고통뿐인 날도 너무 많지만 기껏 태어났으니까, 나는 앞으로도 살아가려고.

안녕, 얘들아.

12.

프로펠러

모기 울던 오후
먼지 낀 선풍기
큰방에 갇힌 나는
걸어가는 사람, 사람들

나가지 못해요
방세가 없어요
당신에게도
나에게도
이 방 안에 갇혀 도는
우리는
프로펠러 프로펠러 프로펠러 프로펠러
프로펠러 프로펠러 프로펠러 프로펠러

모기 울던 오후
먼지 낀 선풍기
큰방에 갇힌 나는
걸어가는 사람, 사람들

04:18

나가지 못해요

방세가 없어요

당신에게도 나에게도

이 방 안에 갇혀 도는

우리는

프로펠러 프로펠러 프로펠러 프로펠러

프로펠러 프로펠러 프로펠러 프로펠러

프로펠러 프로펠러 프로펠러 프로펠러

프로펠러 프로펠러 프로펠러 프로펠러 ♯

창피하니까 그만하세요

13. 로쿠차 구다사이

이 노래는 2006년, 대학에 입학한 뒤 전자음악 동아리에 들어가 전자음악은 안 하고 기타를 치며 노래를 만들어 부르기에 맛 들려 있던 때 만든 곡이다. 그때 같이 어울리며 노래하고 놀던 인천에 사는 밴드 '아나킨 프로젝트' 친구들이, 스타워즈를 주제로 컴필레이션 앨범을 만들자고 하여 이 노래를 만들었다. 나는 그때까지 스타워즈 시리즈를 단 한 편도 본 적이 없었고, 컴필레이션 앨범을 위해 급히 볼 생각도 없었다. 그래서 그 시점에 내가 알고 있는 것들을 자료로 그야말로 '입에서 나오는 대로' 만든 게 이 노래다.

어디서 사진이나 인터넷 밈으로 알게 된 '요다'라는 존재. 그가 녹색의 쭈글쭈글한 작은 몸을 갖고 있다는 걸 알았고, 그가 녹색인 이유는 녹차를 많이 마셔서 그렇다고 추측했다. 녹차로 유명한 곳은 일본이고, 당시 나는 일본어를 할 줄 몰랐지만 일본어에는 받침소리가 없기 때문에 '맥도날드'가 '마쿠도나루도'가 된다는 정도의 정보는 있었다. 그렇게 해서 '녹차'는 '로쿠차'일 것이라고 역시 추측했다. 팩트 체크도 없이 갖고 있는 정보와 입에서 흘러나오는 순서대로 노래를 만들었다. 이 노래를 만들어서 뭘 할 거라는 생각도 없었고, 정말 장난치듯 만들었기 때문에 그 어떤 부담감도 없이 인천 친구들 작업실에 이 노래를 들고 갔다. 그리고 그대로 녹음했다. 녹음을 마치고 인천 친구들이 막 칭찬을 해줬다.

"이랑 씨는 천재예요!"
이런 말들을 하면서.

그때 나는 기타를 아무렇게나 치면서 아무 노래나 만드는 '장난'에 많은 시간을 쏟고 있었기에, 〈로쿠차 구다사이〉 같은 노래는 백 곡도 더 만들 수 있었는데 친구들이 칭찬을 해주니까 머쓱했다.(〈재규어 준이치〉도 그런 식으로 만들었다) 그런데 이 노래는 결국 내 1집에 수록되었고, 이후 어떤 흐름에서인가 우쿨렐레 동호회에 이 노래 악보가 퍼져나가 우쿨렐레로 이 노래를 부르는 비디오 등을 많이 접하게 되었다. 내 장난이 사회로 흘러나가 생긴 그 현상들에 나는 너무 당황스러웠다. 공연 활동을 시작하면서 이 노래를 부를 때마다 더더욱 당황스러웠다. 뭔가 부끄러웠다. 노래를 장난으로 만들던 어떤 시기를 지나 만든 노래들은 무대에서도 들려주고 싶었지만, 왠지 이 노래만은 부를 마음이 생기지 않고 불편했다. 그런데 자꾸 사람들은 이 노래가 좋다면서 불러달라고 했다. 그게 힘들었다.

일본에 공연하러 다니면서는 더 힘들었다. 왜냐면 '로쿠차'는 녹차의 일본어가 아니었기 때문이다. 녹차는 '료쿠차'였다……. 로쿠차는 일본어도 한국어도 아닌 거였다. 그래서 일본에서는 부르는 게 더 부끄러웠다. 그래도 몇 번은 불렀다. 사람들이 재밌어하는 것 같아서.

이 노래는 여전히 존재하지만, 내가 소리 내 부른 적은 근 10년간은 없었지 싶다. 앞으로는 모르겠다. 이 글을 쓴 걸 계기로 사람들이 내 수치심을 알고, 또 불러달라고 할 일이 예상된다. 그럴 땐 전혀 부끄럽지 않다는 듯 당당하게 부를 생각이다. 흠, 잘될까.

악 안

13.
로쿠차 구다사이

요다는 녹색 얼굴

녹차를 즐겨 마셔요

요번에 일본에도 갔다 왔어

녹차 전문점에 갔어

Green tea please

요다는 영어밖에 못하는데

녹차를 어떻게 주문하나

함께 배워볼까요

로쿠차 로쿠차 로쿠차 녹차

구다사이 구다사이 주세요

로쿠차 구다사이

로쿠차 구다사이

너무너무 맛이 있어요

혼또니 오이시데스네

요다는 그 맛에 반해서

일본에서 살기로 했어

02:57

오사카에 녹차 전문점에 가면

매일매일 앉아 있어요

Green tea please

로쿠차 구다사이

너무너무 맛이 있어요

혼또니 오이시데스네

로쿠차 로쿠차 로쿠차 녹차

구다사이 구다사이 주세요

로쿠차 구다사이

로쿠차 구다사이

도장 열 개 모으면

한 잔은 공짜로 주나요 ♯

나는 좋은 이야기를 통해
신의 놀이를 하려고 하는지도 모른다

2

신의 놀이 2016	
	01. 신의 놀이 02:54
	02. 가족을 찾아서 04:06
	03. 이야기속으로 02:27
	04. 슬프게 화가 난다 04:22
	05. 웃어, 유머에 02:44
	06. 도쿄의 친구 03:22
	07. 평범한 사람 02:46
	08. 세상 모든 사람들이 나를 미워하기 시작했다 06:58
	09. 나는 왜 알아요 04:08
	10. 좋은 소식, 나쁜 소식 02:28

항상 열심히 했다
01. 신의 놀이

열아홉 즈음에 보았던 영화 〈박하사탕〉의 여파가 무척 컸다. 그래서 그 영화의 감독인 이창동 감독이 교수로 있는 학교의 영화과에 들어갔다. 전공을 선택한 데에는 그 외에도 여러 이유가 있었지만, 아무튼.

막상 학교엘 다니면서는 어떻게 영화를 만들어야 할지, 아니 그보다 내가 영화를 만들고 싶기는 한지 전혀 아무런 생각을 하지 않았다. 사실 애초에 대학 갈 생각이 딱히 없기도 했다. 그래서 일단 입학한 예술학교의 이곳저곳을 탐험하느라 영화과 수업을 제대로 듣기 시작한 건 입학 후 3~4년은 지나서부터였다. 그전까지는 타 전공 수업들을 탐방하고, 혹시 내 길이 다른 데 있지는 않나 고민하는 시간을 보냈다. 휴학과 복학을 반복하면서 꽤 여러 학기를 보낸 후 한참 후에야 그토록 감명 깊게 봤던 영화 〈박하사탕〉의 이창동 선생님의 수업을 듣게 되었다. 선생님은 강의를 무척 잘하셨다. 나직한 목소리로 무거운 이야기들을 쉽게 잘 풀어주셨다.

하지만 선생님은 '신'을 믿는 마음에 대해서는 무척 비판적이었다. 어려운 일에 부딪혔을 때 신을 찾으며 도피해버리는 마음을 비판했다. 계속 더 부딪치고 더 치열하게 보라고 했다. 감독은 자기가 만든 세계를 관객이 믿을 수 있게 설계해야 하고, 그 설계가 계획된 것처럼 보이지 않게, 무척 우연한 사건들이 우연히 카메라에 담긴 것처럼 연출해야 된다고 이야기했다.

인간은 과연 신을 닮게 창조된 것일까. 잘 모르겠으나 인간이 신을 닮은 게 있다면 그것은 뭔가를 창조, 아니 창작하고자 하는 열망인 것 같다. 인간의 몸으로 할 수 있는 가장 원초적인 창작은 아이를 낳는 것인지도 모르겠다. 하지만 그것은 아이를 키우는 일로 연결되므로 나는 그 일은 일찍이 할 수 없다고 판단했다. 대신(?) 예술이라고 불리는 유/무형의 것들을 창작하는 일로 내게 있는 열망을 풀어냈다. 풀어내고 풀어내도 또 풀어낼 것은 계속해서 생겼다. 무슨 힘인지, 어디서 오는 열망인지 모르겠으나 내 이야기를, 내 세계를 펼쳐 보이고 싶었다. 나 혼자 펼치고 끝내는 게 아니라, 누군가 이것들을 쭉 지켜봐주기를 바랐다. 오래오래, 내가 소멸할 때까지. 누군가 나와 나의 이야기를 듣고 봐주기를 무척이나 바랐다. 그리고 그 사람들이 계속 나를 기다리고 기대해주기를 바랐다.

내가 좋은 이야기를 가지고 있는 사람이라고 믿고 싶었다. 나의 삶을 매 순간 포기하고 싶었지만, 그런 마음으로 무언가를 만들어낼 때, 그 무언가가 남고 나 대신 퍼져 나갈 때, 그걸 보고 들은 사람들이 잘 보았다고 잘 들었다고 말할 때, 나의 수명이 연장됐다. 그 반응과 소감들로 나는 자꾸만 삶을 연장시켰던 것 같다. 사람들이 내 이야기를 더 이상 재미있어하지 않으면, 궁금해하지 않으면 어쩌나 하는 걱정과 동시에 내 이야기는 틀림없이 재미있을 거라는 자기 확신도 있었다.

이창동 선생님이 졸업 직전 마지막 수업에서 이 곡 가사에 나오는 이야기를 한 적이 있다.

"좋은 이야기는 향기를 품고 있어서 사람들은 그 향기를 맡고 내게 먼저 물어볼 것이다. 당신, 좋은 이야기를 갖고 있는 것 같은데?"

그러니까 선생님은 내게 졸업하기 전에 꼭 좋은 이야기를 가지고 사회에 나가라고 신신당부했다. 물론 나도 좋은 이야기를 가지고 나가고 싶었지만, 그때는 무엇이 좋은 이야기인지 당최 알 수가 없었다. 막연하게 나는 갖고 있겠지 하는 생각만 가지고 학교를 졸업했다.

막상 졸업하고 나니, 좋은 이야기에서 풍기는 향기보다 당장 월세를 낼 돈이 없었다. 건강보험공단에서는 '축하합니다, 지역가입자가 되셨습니다' 하며 당황스러운 편지를 보내왔다. 각종 공과금 고지서가 어렵게 얻은 그나마 저렴한 월셋집으로 날아들었다. 통장에는 0원이라는 글자가 오랫동안 찍혀 있었고, 같은 과 선배가 *(만나본 적은 없지만)* 생활고에 아사했다는 이야기를 들었다. 뭐라도 할 일이 없나 여기저기 사람들을 만나러 다녔고, 일을 구한다는 이야기를 몇 개월 동안 뿌리고 다녔다. 그렇게 0원의 고비를 어렵게 어렵게 넘기고, 구직 소식을 전한 사람들에게서 일자리 제안을 받고, 창작과 그리 상관없는 일들을 하며 시간을 많이 쓰게 됐다.

어떻게 살아야 하나.

버스를 타고 다니며 창밖으로 지나가는 수많은 집을 보았다. 어디에도 내가 살 수 있는 집이 없었고, 어디에서도 쉽게 돈을 주지 않았고, 직업이 없는 엄마와 아빠는 내게 힘이 되어줄 수 없었다. 이렇게 사는데, 과연 내가 가진 이야기에서 향기가 날까. 선생님은 분명 사람들이 그 향기를 눈치챘다고 했는데, 내 이야기에는 향기가 없기 때문에 아무도 눈치채지 못하는 걸까. 수많은 밤을 어떻게 살지 생각하느라 막막하고 두려워서 울었다. 울면서 노래를 지어 불렀다. 잠도 오지 않고 다음 날 일찍 일어나 일하러 갈 곳은 멀기만 했다. 봉구스 밥버거, 피자스쿨, 잔치국수를 자주 먹었다. 월세 내기가 너무 빠듯

해서 집에서는 난방을 돌리지 않고 방에 텐트를 치고 잤다. 여름엔 수건에 물을 적셔 내 목에 하나, 고양이 준이치 목에도 하나 두르고 버텼다. 대체 어느 시간에 좋은 이야기를 더 만들 수 있을지, 어떻게 해야 그 이야기에서 향기가 날지, 어떻게 해야 사람들이 그 향기를 맡아줄지 정말 모든 게 오리무중이었고 앞이 깜깜했다.

어른이 되면 사는 방법을 알게 될 줄 알았는데, 나는 대학을 졸업하고도 아는 게 하나도 없었다. 돈을 버는 법도 쓰는 법도 모으는 법도 다 몰랐고, 복지나 세금, 사회 시스템에 대해서도 정말 몰랐다. 카드를 넣지 않은 카드 지갑을 버스 요금기에 갖다 대고 공짜로 버스에 타고, 지하철 개찰구를 나서는 앞사람에게 바싹 붙어서 공짜로 지하철을 탔다. 영화관 화장실에 숨어 있다가 영화가 시작된 뒤 상영관에 들어가 몰래 공짜 영화를 봤다. 책을 훔치고, 옷을 훔치고, 먹을 것을 훔치기도 했다.

이렇게 사는데 내 이야기에서 향기가 날까. 언제쯤 향기가 날까. 좋은 이야기는 아무에게도 말하지 않고 꼭꼭 숨겨놔도 모두 알아챈다는데. 오랫동안 기다렸다. 내 이야기에서 향기가 나기를. 지금일까, 아직일까, 모르겠다. 내 이야기에서 향기가 나기를 여전히 기다리고 있다.

2011년 수첩 맨 앞 장에, 어느 날 수업이 끝나고 받은 이창동 선생님의 사인이 있다.

열심히 해라!

2011. 3. 8. 이창동

나는 항상 열심히 했다. 지금도 열심히 하고 있다.

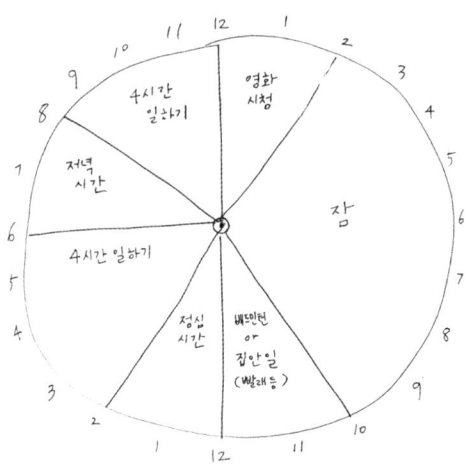

01.
신의 놀이

한국에서 태어나 산다는 데 어떤 의미를 두고 계시나요
때로는 사막에 내던져진 것 같은 그런 느낌이 드시나요
좋은 이야기가 있어도 만들어지지 않는다는 것
좋은 이야기에 대한 신념이 무너지는 순간이 찾아오기도 하나요
요즘도 무섭게 일어나는 일들을 마주하고 계시는가요
중년의 나이에도 절망과 좌절의 무게는 항상 같은가요
그럼에도 불구하고 우연히 만난 것 같은 이야기를 기다리며
오늘도 그들의 옆자리에서 식사를 하고 계시나요

성배를 찾으려고 하는 사람과 복수를 하려고 하는 사람
결국엔 모두가 집을 떠나면서 시작하게 되는 그런 이야기
단순한 영웅은 사람들을 대신해 제물로 바쳐져 죽음을 맞고
사람들은 그를 위해 눈물을 흘리며 돌아가지요
여전히 사람들은 좋은 이야기가 나오기를 기다리고 있죠
좋은 이야기는 향기를 품고 사람들은 그 냄새를 맡죠
모든 이야기는 제물로 바쳐지기 위해 만들어지는 비극
희극은 제물이 흘리는 피를 받는 입구가 넓은 모양의 접시

02:54

　　어쩌면 난 영화를 만드는 일로 신의 놀이를 하려고 하는지도 몰라
　　어쩌면 난 영화를 만드는 일로 신의 놀이를 하려고 하는지도
　　여전히 사람들은 좋은 이야기가 나오기를 기다리고 있다
　　여전히 사람들은 좋은 이야기가 나오기를 기다리고 있다
　　여전히 사람들은 좋은 이야기가 나오기를 기다리고 있다
　　여전히 사람들은 좋은 이야기가 나오기를 기다리고 있다

　　나는 좋은 이야기를 통해 신의 놀이를 하려고 하는지도 모른다 #

코,카콜라 코카,콜라 코카콜,라 코카콜라
02. 가족을 찾아서

이 곡을 언제, 어떻게 만들었는지 도무지 기억나질 않는다.

마지막 부분에 있는 "이건 뭔가 크게 잘못된 것 같아"라고 반복되는 부분을 만들던 기억은 난다. 그때 말의 강세를 옮기는 걸 적용해보고 싶어서 (어릴 때 했던 말놀이 중에 강세를 한 칸씩 뒤로 옮기는…… 그걸 뭐라고 하지: 코,카콜라 코카,콜라 코카콜,라 코카콜라) 저 가사를 반복하면서 강세를 열심히 옮겼던 기억만은 난다.

그리고 이 곡은 아주아주 많이 사랑받고 지금도 사랑받는 나의 대표곡이 되었다.

이 곡은 거의 모든 공연과 행사에서 불렀기에 나 또한 '음악가'로 활동하면서 항상 부르는 곡이고. 만들었던 기억은 많이 남아 있지 않아도 이 곡을 부를 때의 기억은 아주 많다.

객석에 있는, '가족'이라고 생각했던 사람들을 바라보면서 불렀던 기억이 진하다. 그때 내가 바라봤던, 바라보며 이 노래를 부르면 눈물이 나는 걸 참기 힘들었던 어떤 사람들과의 관계들은 또 어느새 존재하지 않게 되었다. 그리운 마음, 사랑하는 마음, 사랑했던 마음들이 이 노래를 부를 때마다 다시금 떠오른다.

앨범 버전 후반부에는 엄마와 나의 대화 소리가 들어가 있다. 아마 2009년 말이나 2010년 초 겨울이라고 생각된다. 엄마가 나의 학교 작업실에 놀러 와 그때 작업실을 같이 쓰던 친구들과 함께 앉아 우리의 그림과 작업물을 구경하면서 신나게 코멘트하는 게 재미있어서 카메라로 찍어뒀다. 당시 작업실에 항상 카메라를 펼쳐두고 뭔가 재미난 상황이 있으면 '한 번 더 해보자!' 하고 바로 찍고, 그걸 편집해서 짧은 콩트처럼 만드는 취미가 있었다. 그 가운데 엄마의 방문도 재미있는 신scene이었기에, 그때 상황을 찍어두었고 거기에서 엄마가 내 그림에 피드백을 주는 멘트들을 따서 이 노래 후반부에 삽입했다. 비디오로만 봤을 때는 웃기는 장면이었는데, 이 곡에 들어가니 슬픈 소리가 되었다. 그래도 나는 비디오의 기억이 있어서 그런지 듣고 있으면 그림이 생각나서 재미있다. "나는 가끔씩 대범할 때도 있어" 하고 내가 대답하는 말도 재미있고.

이 가사에는 '집'이라는 말이 많이 나온다. 그리고 나는 여전히 집을 찾고 있다. 내가 살아 있는 동안 내가 살고 싶은 집. 내가 사랑할 집이 생길지 모르겠다. 형편에 맞는 집을 찾아야 했기에. 그동안 내가 살았던 집들은 '살고 싶은 집'이 아니었다. 적은 선택지에서 그나마 '좋아할 만한 구석'을 찾아야만 했던 집들이었다. 지금 사는 집이 그나마 '좋아하는 집'이다. 하지만 남의 집이라 사랑할 수가 없다. 이 집도 유통기한이 있고, 그 기한은 2년마다 고비가 찾아오기 때문이다. 보증금이 오르거나, 월세가 오르거나…….

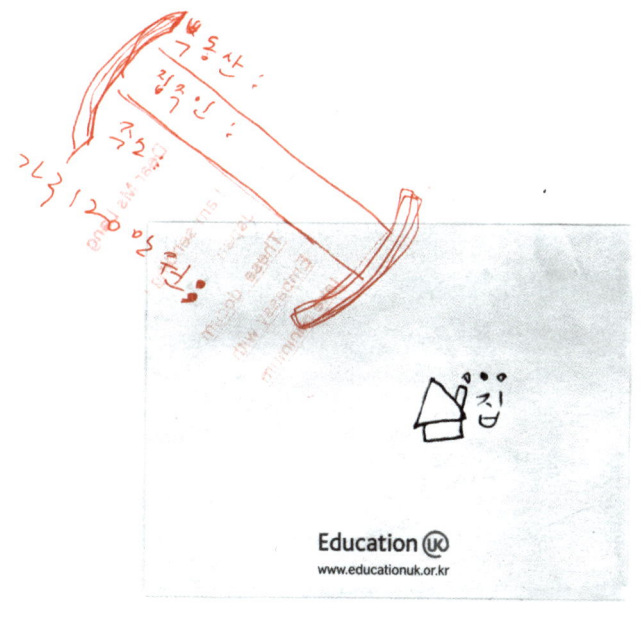

02.

가족을 찾아서

내 안에 있는 그 노랠 찾아서

내가 살고 싶은 그 집을 찾아서

내가 사랑할 그 사람을 찾아서

내가 되고 싶은 가족을 찾아서

내 안에 있는 그 노랠 찾아서

내가 살고 싶은 그 집을 찾아서

내가 사랑할 그 사람을 찾아서

내가 되고 싶은 가족을 찾아서

나는 언젠가 후회하게 될까

오늘 엄마의 전활 받지 않은 것

내 평생 아빨 용서하지 않은 것

키우는 고양이를 세게 때렸던 것

나는 언젠가 후회하게 되겠지

오늘 엄마의 전활 받지 않은 것

내 평생 아빨 용서하지 않은 것

키우는 준이치를 세게 때렸던 것

이건 뭔가 되게 크게 잘못된 것 같아

이건 뭔가 되게 크게 잘못된 것 같아

이건 뭔가 되게 크게 잘못된 것 같아

잘못된 것 같아

내 안에 있는 그 집을 찾아서

내가 살고 싶은 그 집을 찾아서

내가 사랑할 그 집을 찾아서

내가 되고 싶은 그 가족을 찾아서

살아 있는 한 사람의 역사
03. 이야기 속으로

 이 곡 가사에서 "내 역사 속으로"라는 부분을 가장 좋아한다. 이 곡을 만들었던 2010년, 24세의 이랑에게 '역사'라는 단어는 너무 거창하고 멋졌다. 당시 나에게 역사라고는 가족, 친구, 연인과의 관계가 다였지만 역사라는 말을 붙이면 모든 시간이 의미심장하게 느껴졌다.

 2010년 봄에 했던 이별은 나의 역사 속에서 거대한 사건이었다. 지금까지도 애틋하게 여기는 예쁜 연인이었기에 2년의 연애 기간 동안 참 충실하게 만났다. 그와의 이별은 받아들이기가 너무 어려웠다. 상실감에 어쩔 줄 몰라 하며 *(당시 내 거주지였던)* 학교 작업실 근처 숲을 거닐었다. 무척 깜깜해서 오줌이 마려운 정도의 오싹함을 느끼면서 일부러 더 무섭고 어두운 곳으로 걸어 들어갔다. 이렇게 하면 그가 나를 걱정하지 않을까, 안타까운 마음에 다시 생각하지 않을까 생각하면서.

 가사에는 "나무 위에 올라 큰 소리로 울었지"라고

되어 있지만, 사실 나무 위에 올라갈 방법은 없어서 나무 밑에서 울었다. 그 누구도 나의 모습을 볼 수 없는 껌껌한 숲속에서 울었다. 울고 또 울면서 이별을 말한 연인에게 수십 번 전화했지만 그는 받지 않았다.*(음성 메모도 많이 남겼다······)* 헤어진 후에 너무 고통스러웠지만 그래도 계속 좋아했다. 좋아할 수밖에 없는 사람이었다. 그렇게 역사 속으로 사라지나 싶던 그 옛 연인과 2019년 여름, 독일에서 재회했다. 내 베를린 공연 소식을 들은 그가 미리 언지도 없이 관객으로 공연장에 나타났다. 리허설을 마치고 공연장 앞에 서 있다가 그를 보자마자 이름을 부르며 달려가 껴안았다. 헤어졌던 긴 시간이 무색할 정도로 반갑고 기뻤다.*(우리는 현재 친구로 잘 지내고 있다)*

내 이야기와 시간과 역사 속에 나타난 사람들은 귀하고 소중하다. 단 한 사람도 잃고 싶지 않지만 내 역사 속에는 못된 사람도 있고, 약한 사람도 있고, 배신자도 있고······ 그렇다.

이렇게 과거의 이랑이 만든 곡을 들으며 글을 쓰다 보니, 내가 진짜 이랑인지 아닌지, 과거의 이랑이 정말 이 노래들을 만든 게 맞는지, 내 기억이 정확한지 아닌지, 모든 게 사실인지 아닌지 정말 모르겠다. 뭐랄까······ 이랑 님의 많은 것을 알고 있는 경력이 긴 비서가 된 기분이다.

나는 이랑의 역사에 참여하며, 이랑의 역사를 복기하고, 이랑의 역사 속에서 살아간다.

2023. 1. 9 月

연대기 정리때문에 온갖 오드만 사진 음성과 영상을 뒤지고 다시보고 있다.
"이렇게 많은 순간을 내가 살았구나"
싶은 기록이 쏟아져 나온다.
하국, 하국, 하국, 하국, 하국.

저기의 나자신

나는 언제까지나 나야?

너는 특별하지 않는다
너는 평범하지도 않다.
그저 고유할 뿐이다.
고유한 사랑의 단 한번의 삶.

03.

이야기속으로

늦은 밤 나무 위에 올라

큰 소리로 난 울었지

누군가 듣고 찾아와주길 바랬는데

아무도 나를 찾으러 나오는 사람이 없었어

날 좋아한다고

좋아한다고 했던 사람도

있었던 것 같은데

길 위에 털푸덕 주저앉아

곧 떠날 여행 얘기에 들떠서

했던 말을 하고 또 했던 그날도

내 기억 속으로

내 시간 속으로

내 역사 속으로 사라져

일부러 떠올려 생각해봐도

아무런 감정이 없는 걸

날 좋아한다고

좋아한다고 했던 너였을 텐데

널 좋아한다고

좋아한다고 했던 나였을 텐데

말야 #

부자가 된 친구와 어떻게 관계를 이어갈 수 있을까

04. 슬프게 화가 난다

〈늑대가 나타났다〉의 가사 중에 "내 친구들은 모두 가난합니다"라는 말이 무색하게 가난했다가 갑자기 부자가 된 몇몇 친구들이 있다. 〈슬프게 화가 난다〉라는 노래의 주인공인 친구도 그렇다. 우리는 내가 대학생이었던 이십 대 초반, 걸어서 2~3분 거리의 석관동 옥탑방에 각각 사는 이웃 겸, 친구였다. 내가 살던 옥탑방은 보증금 백만 원에 월세 십이만 원, 친구 옥탑방은 월세가 십만 원이었다. 그때 나는 같은 대학의 연인과 함께 살면서 각각 월 육만 원씩 나눠 냈는데, 그 육만 원마저도 어떻게 벌어야 하는지 굉장히 막막해하며 살았던 기억이 난다. 대학 등록금은 한국장학재단에서 엄청 높은 이자로 빌려서 다녔고, 당시만 해도 대학교를 졸업하면 엄청 어른스러운 사회인으로서 살게 될 거라고 생각했기에 학자금 전액을 대출받는 데 있어서 별 두려움은 없었다. 나는 주로 길에서 주운 물건이나 중고로 산 옷을 학교 식당 앞에서 팔면서 틈틈이 생활비를 벌거나 학교를 휴학하고 레스토랑에서 일하거나 일러스트 그리는 알바를 하며 돈을 조금씩 벌었다.

 월세 십만 원 옥탑방에 살며 작고 얇은 종이에 꽃과 풀과 나무와 동물을 잔뜩 그리던 친구는 항상 낡은 서류 가방에 자기가 그린 그림을 넣고 다니며 만나는 사람들에게 그림을 보여주었다. 그러다 그 그림을 동네 카페에 붙여 전시하기도 하고, 점점 동네를 벗어나 홍대에 있는 작은 공간에서 전시하기도 했다. 정말 열심히 그리고 알리고 작은 전시부터 점점 큰 전시를 하는 화가로 살기 시작했다. 월세가 엄청 비싸고 넓은 작업실에서 나보다 키가 큰 캔버스에 그림을 그리기 시작한 그 친구를 만나러 간 어느 날, 나는 친구에게 왜 그렇게 큰 그림만 그리느냐고 물었다. 친구는 그림을 사는 부자들이 작은 그림은 가치가 없다고 생각하기에 큰 그림을 그려야 비싸게 팔 수 있어서라고 대답했다. 큰 그림은 비싸게 살 가치가 있고, 작은 그림은 비싸게 살 가치가 없다는 게 무슨 말이지? 친구의 말을 들으며 부자들이 하는 생각은 정말 뭔지 모르겠다고 생각했다.

 엄청 비싼 그림을 살 수 있는 사람들이 살 법한 엄청 커다란 그림을 그리기 시작한 친구는 점점 더 비싼 동네의 갤러리에서 전시를 하고 점점 더 비싼 값에 그림을 팔며 점점 더 부자가 되기 시작했다. 시간이 지날수록 친구와 만나면 하는 얘기가 달라졌다. 타고 온 바이크가 얼마짜리며, 쓰고 온 선글라스가 얼마짜리인지 이야기하는 친구를 앞에 두고 '나는 별로 궁금하지 않은데' 하는 시간이 늘어났다. 그 뒤로는 점점 친구의 그림을 궁금해하거나 만나는 일이 줄어들었다.

태어날 때부터 부자인 친구와 어쩌다 친해져서 꽤 오랫동안 가깝게 지낸 적도 있다. 한동안 같은 공유 공간을 사용하며 나는 일을 하고 그 친구는 주로 게임을 했다. 대학을 졸업한 뒤 수천만 원의 학자금 대출 원금과 이자를 갚으며, 월세도 내고 생활비도 써야 했기에 나는 졸업한 뒤로 쉼 없이 일을 닥치는 대로 했다. 한두 달에 하루나 이틀 쉴까 말까 하며 일을 했으나, 그렇게 일을 해도 학자금 대출을 다 갚는 데 10년 가까이 걸렸다. 학자금 대출을 완제하고 나니 전세자금대출의 원금과 이자를 갚는 일이 시작됐다. 매일 눈뜨면 일하고 파김치가 되어 집에 돌아와 불면증과 함께 누워, 자는 것도 깬 것도 아닌 시간을 보내며 살았다. 종종 부자인 친구에게 밥을 얻어먹기도 했으나 싸울 때도 있었다. 내가 일을 하는 시간에 게임을 하는 친구의 소음이 거슬렸기 때문이었다. 같은 공간을 다른 목적으로 쓰기 때문에 부딪칠 수밖에 없었다. 나는 친구에게 내가 살기 위해선 한 달 30일

내내 일을 해야만 한다고 울면서 말했고, 친구는 한 달에 30일 일하는 사람이 어딨냐고 말했다. 나에게 일은 생존이었고, 그가 하는 게임은 생존과 관계없어 보였지만 모르겠다, 그에게 게임은 생존의 이유였을지도. 아무튼 그 친구와도 더 이상 만나지 않는다.

한때는 각자의 일로 어떻게든 벌어 먹고살기 위해 서로를 응원하던 사이였던 친구들이 결혼이라는 제도로 인해 신분 상승을 하는 일도 생기기 시작했다. 집안의 유산이나, 부모의 사업, 혹은 결혼 이후 배우자의 사업 성공 등의 이유로. 본인의 직업/노동으로 번 돈으로는 소비할 수 없는 것들을 배우자나 가족의 돈으로 사고, 먹고, 소비하는 모습들을 보면서 여러 가지 생각을 했다.

재수 없다.
부럽다.
편하려나.
부끄러우려나.
그 부끄러움도 점점 사라지려나.
결혼이라는 제도 혹은 연인 관계로 인해 상대의 재산을 자기 것처럼 쓰는 것이 나에게도 가능한 일이 될 수 있으려나.

단순히 어떤 기분일지 궁금하기도 했다.

그렇게 살아본 적 없고 앞으로도 그럴 일이 없을 내 삶이기에 신분 상승한 친구들의 생활과 기분과 그 디테일이 궁금하기는 했지만, 그걸 상상할 시간에 가계부를 쓰고 추천사 의뢰를 하나라도 더 받아서 이십만 원, 삼십만 원이라도 더 벌어야 했다. 내 삶에 갑자기 나타날 복권 당첨 같은 행운은 없을 것이고, 나는 나와 내 삶을 (그리고 이미 노인이 된 부모의 삶까지도) 내 노동과 그 대가로 받는 돈으로 책임져야 하니까.

태어날 때부터 불평등한 사회였지만, 어쨌든 오늘 먹고살기 위해 가진 것을 다 파느라 그 불평등에 대해 말하고 싸울 여유도 없는 사람들. 그 불평등을 말하고 싸우는 것을 직업으로 삼는 사람들. 불평등에 대해 말하면 자신을 공격한다고 생각하는 부자 사람 혹은 친구들. 부자가 되고 난 뒤에는 더 만나지 않게 된 친구였던 사람들. 어쩌면 더 만나지 않기로 결정한 건 내 쪽일지도 모른다. 나는 처음부터 부자였거나 부자가 된 친구들과 더 대화하는 노력을 해야 할까.

그렇지만 가난한 친구들과 어떻게 벌어먹을지 고민할 시간도 너무 부족하다. 이 사회는 이렇게 시간을 쓰는 것마저도 불평등하다. 그런데 매일의 노동으로 벌어먹어야만 생존할 수 있는 사람들 다수는 부자들만 잔뜩 나오는 드라마나 이야기를 보고 있다. 나는 대체 혼란스럽기만 하다. 혹시 이 책을 엄청 많이 팔게 되어서 내가 부자인 친구들을 다시 만나 얘기를 나눌 시간이 생긴다면 그래볼 생각이 있다. 하지만 그럴 일은 없지 싶다.

사람들 앞에서 입으로 나누는 숫자들이.
그동안 살리려고 애쓰며 지켜온 나를
재미나게도 무너뜨렸다.
아프긴 아프다. 정말로 아프다.

우리는 가난하고, 앞으로도 가난할꺼야.
그래도 사랑한단다.
살아있는 나와, 내친구들.

04.

슬프게 화가 난다

좁은 방에서 그림만 그렸어
낡은 가방에 그림을 모았어
친구를 만나면 기뻤어 손을 잡았어
친하게 지내고 싶었어 난 모두와

어두운 방 안에 있어도 꽃이랑 나무 생각만 났어
어두운 방 안에 있어도 난 꽃이랑 나무 생각만 났어

슬프게 화가 난다
슬프게 화가 난다
슬프게 화가 난다
슬프게 화가 난다

어두운 방 안에 있어도 꽃이랑 나무 생각만 났어
어두운 방 안에 있어도 난 꽃이랑 나무 생각만 났어

슬프게 그림 그리는 화가 저기 날아가네

04:22

어두운 방 안에 있어서

난 꽃이랑 나무 그림만 그렸어 #

뭔가에 반응하는 걸 보여주란 말이야
05. 웃어, 유머에

2집의 시작 곡으로 〈신의 놀이〉를, 마지막 곡으로는 〈웃어, 유머에〉를 넣고 싶었다.(결과적으로는 5번 트랙이 되었지만) 한 권의 책 같은 앨범을 만들기 위해 질문으로 시작하는 이 앨범의 마지막에 어떤 대답이든 만들어내고 싶었다. "한국에서 태어나 산다는 데 어떤 의미를 두고 계신가요"에 대한 어떠한 답이라도 내 안에서 찾아내고 싶었다.

소리 중 내, 뭔가에 웃는 내가.

세상을 살아가는 방법은 여전히 모르지만, 틀림없는 사실 하나가 있다면 '내가 살고 있다'는 거였다. 내가 살아 있고, 살고 있다는 신호를 주고 싶었다. 그 방법으로는 '웃는 것과 우는 것'이 있었다. 개인적으로 우는 소리보다 웃는 소리에서 사람의 차이가 크다고 느꼈다. 웃는 타이밍과 그 소리에 개인의 특성이 아주 많이 드러난다 했다. 특히 나의 언니를 보면서 그 생각을 자주 했다. 언니는 웃는 타이밍과 그 소리가 무척 특이한 사람이었다. 언젠가 언니가 참석했던 라디오 공개 방송을 들으며 관객들의 웃음소리에서 바로 언니의 존재를 알아챌 수 있었던 기억이 떠오른다. 다른 관객들이 웃지 않을 때, 언니만 이상한 타이밍에 "아-핫"거리며 웃었다. 그때 나는 다른 사람들과 다른 언니의 웃음 타이밍과 소리가 부끄러웠다. '튀고 싶어서 저러나' 생각할 때도 있었다. 하지만 그 독특한 타이밍과 소리가 점점 사랑스럽게 느껴졌다.

사랑하는 몇몇 사람들이 세상을 떠난 뒤, 나는 무엇보다 그들의 웃음소리가 그리웠다. 내가 어떤 말을 했을 때 '아, 얘라면 여기서 웃었을 텐데' 하고 그리워지는 날이 많았다. 자주 모이던 친구들과 만나 서로 경쟁하듯 농담을 던지며 '이때쯤이면 그 친구가 웃었을 텐데' 했다. 한 사람 한 사람이 가진 독특한 웃음의 타이밍과 소리만으로도 그 존재가 확실하게 각인됐다. 그래서 《신의 놀이》 앨범의 결론을 웃음소리로 지었다. 그것도 우는 것 같은 웃음소리로. 이 곡에서 반복되는 '하하하 히히히 호호호 헤헤헤' 하는 부분은 열 개가 넘는 트랙을 합쳐 만들었다. 소리치며 웃기도 하고 평범하게 웃기도 하면서 웃음소리로만 꽉 찬 곡을 만들었다. 이 곡을 부를 때 전혀 웃기지 않다. 오히려 체력장을 하는 것처럼 복식 호흡을 하며 하히호헤를 목이 찢어져라 부른다. 너무 힘들어서 표정이 일그러진다.

Laughter
Laughter
Laughter
Laughter

가사에 "웃어, 유머에"라는 말과 웃음소리만 남기기 전, 이 곡은 〈신의 놀이〉만큼 가사가 많았다. 무대에서 웃음소리로만 노래하면서 내 머릿속에는 지워버린 이 곡의 가사들이 울려 퍼진다.

> 매일매일 나가고 웃고 떠들며
> 선물을 선물하고 또 선물을 받고도
> 바로 옆에 있는 사람도 잘 모르는데
> 이 내가 살아 있는지 아니면 죽어 있는지
> 큰 소리로 웃지 않으면 안 돼
> 뭔가에 반응하는 걸 보여주란 말이야
> 웃어, 유머에

이 곡은 항상 2집 9번 트랙인 〈나는 왜 알아요〉와 붙여서 부른다. 원래 이 두 곡은 긴 한 곡으로 만들었었다. 녹음과 편집, 그리고 앨범 구성 과정에서 반으로 잘랐다. 그래서 이 두 곡은 박자도 같고 이야기도 연결된다. 두 곡을 합쳐서 부르면 7분 가까이 되기에 연주자들도 부르는 나도 무척 힘든 곡이다. 그래서 사실 비밀이지만…… 이 곡은 합주를 잘 하지 않는다. 한번 시작하면 끝끝내 달려 나가야만 해서 너무 힘들기 때문이다. 그걸 알기 때문에 아무도 틀리지 않고, 아무도 연습하고 싶어 하지 않는 곡이다. 모두 긴장하고 연주하기 때문에 무대에서는 절대 틀리지 않는다.

    나는 점점 더 크게, 많이 웃는 일이 줄었다. 웃는 것도 우는 것도 체력이 필요하다는 것을 이제는 안다. 웃음소리로 가득한 이 노래를 부르는 것도 체력 싸움이고. 공연할 때는 모두와 함께하기 때문에 우리는 함께 이 시간을 버틸 수(?) 있지만 일상에서는 아무래도 혼자 그렇게 크게 웃을 수가 없다. 가끔 '언제 크게 웃었더라' 생각해보곤 한다. 내 기억 속에서 가장 크게 힘에 부칠 정도로 웃고 있는 나는 아무래도 너무 어릴 때의 모습이다. 마음속으로 웃으며 채팅창에 'ㅋㅋㅋㅋㅋㅋㅋㅋㅋ'만 연달아 누르고 있는 게 현재 나의 웃음이다.

유페에게 하하

05.

웃어, 유머에

하하하하하하하하하하하하
히히히히히히히히히히히히
<u>호호호호호호호호호호호호</u>
헤헤헤헤헤헤헤헤헤헤헤헤

웃어, 유머에
웃어, 유머에

하하하하하하하하하하하하
히히히히히히히히히히히히
<u>호호호호호호호호호호호호</u>
헤헤헤헤헤헤헤헤헤헤헤헤

웃어, 유머에
웃어, 유머에

하하하하하하하하하하하하
히히히히히히히히히히히히

호호호호호호호호호호호호
헤헤헤헤헤헤헤헤헤헤헤헤

웃어, 유머에
웃어, 유머에

하하하하하하하하하하하하
히히히히히히히히히히히히
호호호호호호호호호호호호
헤헤헤헤헤헤헤헤헤헤헤헤 🔲

이제 일본어를 말할 수 있지만
06. 도쿄의 친구

2013년, 도쿄에서 일 때문에 만나게 된 예쁜 사람이 있었다. 언어도 통하지 않고 그에 대한 사적인 정보도 없었는데도 마음이 미친 듯이 끌렸다. 영어와 번역기 일본어로 이런 마음을 간단하고 직설적으로 전했다. 사랑스러운 답변이 왔지만 서로 일에 미쳐 있는 시기였고 너무나 바빴다. 다시 만날 날이 정해져 있지 않았다. 마음이 끌려도 함께 있을 방법을 찾지 못했다.*(나는 평생 일에 미쳐 있을 것 같긴 하다)* 보고 싶어서, 만나고 싶어서 힘들었다. 하지만 내 일상에 그 어떤 변화도 줄 수 없었다. 내게는 내야 할 다음 달 월세가 있고, 돌봐야 할 고양이가 있고, 약속한 일들이 너무 많았다.

2012년부터 일본 활동을 조금씩 늘리고 있었지만, 누군가 초청하지 않으면 자력으로 갈 수 있는 형편도 아니었고 일본어도 할 줄 몰랐다. 간단한 단어 몇 개만 구사하며 주로 영어로 소통했다. 일본에서 만난 사람들의 이름을 외우는 게 가장 어려웠다.(지금도 어렵다) 이름이 한 글자, 두 글자인 한국인들과 달리 일본인 이름은 너무 길었다. 긴 이름은 성이 네 글자, 이름이 네 글자…… 합쳐서 여덟 글자인데 어느 게 성이고 어느 게 이름인지 알 수도 없었다. 일본어를 읽고 쓰고 말할 줄 모르는 내게는 그저 낯선 소리의 연속이었다. 그 낯섦이 주는 희열도 있었다. 의미도 모르는 여덟 글자 소리가 내가 예쁘다고 생각하는 사람의 이름이라는 게 그냥 좋았다. 그의 친구들은 그 여덟 글자 중에 두 글자만 떼서 그를 불렀다. 애칭 같은 건지 뭔지 시스템은 모르겠지만 나도 그렇게 따라 했다. 그 두 글자도 낯설었지만 아름다웠다. 아침에 일어나 그 두 글자 소리로 노래를 만들어 불렀다.

    두 글자 소리로 만든 긴 멜로디 위에 가사를 붙여 이 곡을 완성했다. 하지만 그의 사생활 보호를 위해 이름으로 만든 멜로디 반주는 앨범을 만들면서 지웠다. 그래도 이 노래를 부를 때 내 머릿속에는 그 이름으로 만든 멜로디가 흐른다. 사람들은 '뚱 땅 뚱 땅' 하는 첼로, 베이스, 기타 소리를 듣겠지만 내게는 그 이름이 들린다. 두 글자 이름으로 시작해 이름으로 끝나는 노래였다.

마지막 가사인 "도쿄의 일하는 귀여운 사람들에게"는 앨범을 만들면서 '들에게'를 붙인 것이다. 원래 '도쿄의 일하는 귀여운 사람, ○○' 이렇게 특정 이름을 넣어 만들었었다. 혹시라도 공연 중에 그 이름을 소리 내 부를까봐 항상 긴장된다. 머릿속에 들리는 이름을 입 밖으로 뱉지 않고 고친 가사로 끝내기 위해 긴장한다.

나는 이제 일본어로 잘 말할 수 있다. 아카데믹한 수준은 아니지만 일상적인 대화나 공연 등 일할 때 큰 어려움이 없다. 한자를 몰라서 읽고 쓰는 것은 어렵다.(한자까지 외울 시간은 없다) 이제는 그를 만나면 대화를 할 수 있다. 2013년의 나는 그에게 몇 문장을 말할 수도 없었다. 그때는 말하고 싶은 게 너무 많았는데. 말을 할 줄 몰랐다. 우리의 세계는 여전히 느슨하게 이어져 있지만 만날 날이 있을지는 모르겠다. 여전히 우리는 일에 미쳐 있고 서로의 일상에 변화를 줄 생각이 없다. 어디선가 가열차게 일하고 있을 모습을 생각한다. 내 멋대로 상상하는 모습이지만 여전히 예쁜 모습이다.

📝 그의 이름으로 만든 멜로디 버전의 데모곡을 2014년에 일본에서 만났을 때 직접 들려주었다. 그때도 여전히 대화할 수 없는 상태여서 나는 음악을 들려주고 그는 부끄러워하며 머리를 긁적인 게 다지만, 지금 생각해보면 좀 무서웠을지도 모르겠다는 생각이 든다. 누가 내 이름 두 글자 '이랑'을 백 번 넘게 부르는 소리로 곡을 만들어 오면 너무 무서울 것 같다. 그런 일이 없었어서 다행이다…….

📝 2024년에 서울에 일하러 온 그와 재회했다. 여전히 바쁘고 여전히 아름다웠다. 이제는 '대화'할 수 있기 때문에 미스터리와 판타지로 가득한 사이는 아니게 되었지만, 앞으로도 그와 함께 종종 대화를 나누며 살아갈 날들이 기대된다.

06.

도쿄의 친구

나는 너를 보려고 일을 버리고 머무는데
너는 일을 하려고 오키나와로 떠나는데
우리는 일을 해야만 하는 사람들이고
일을 하지 않으면 만날 수도 없는 사이지
그래서 일을 하고 너를 보려고 도쿄에 왔어
너는 일을 하려고 어딘가로 떠나버렸지
우리는 일을 하지 않으면 안 되는 건가봐
일을 하지 않으면 만날 수도 없었을 테니까

우리는 일을 해서 만나고 일을 해서 헤어지지
우리는 일을 해서 만나고 일을 해서 헤어지지
나는 너의 일을 하는 모습을 보러
여기까지 왔던 걸까
나는 너의 일을 하는 모습을 보러
여기까지 왔던 걸까

너의 이름은 그대로 어떤 노래 같아
도쿄의 일하는 귀여운 사람 ♯

03:22

작은 카메라가 되어
타인의 삶을 구경하고 싶다
07. 평범한 사람

영화를 보다 보면 이런 장면으로 시작하거나 끝나는 것들이 있다. 카메라가 어떤 풍경을 넓게 담았다가 어느 건물이나 집으로 가까이 다가가며 창문을 넘어 집 안으로 들어간다. 그 집 안에 있는 사람을 담으며 그 사람의 이야기가 시작한다. 멀리서 보면 수많은 집 중 하나, 그 안의 한 명이지만, 가까이 가서 그 사람의 이야기를 들으면 '으악' 하는 별의별 일이 펼쳐지는 그런 영화들. 그런 이야기를 좋아한다.

대학 졸업 후 가장 먼저 시작했고, 꽤 오래 했던 일은 누군가를 가르치는 일이었다. 초등학교, 중고등학교(대안학교), 성인 대상으로 하는 아카데미 등 여러 곳을 다니며 예술 창작을 가르치는 일을 했다. 노래를 만드는 방법, 영화를 만드는 방법, 글을 쓰는 방법 등 닥치는 대로 내가 할 수 있는 걸 남에게도 해보게 하는 그런 수업들이었다. 어쨌든 '창작'에 대한 수업들이어서 거기에 찾아오는 사람들은 무언가를 만들어보고자 하는 사람들이었는데 이상하리만큼 자기 이야기를 꺼내는 걸 어려워했다.

"저는 평범한 사람이라 별 이야기가 없어요." 대부분 창작 수업에 와서 이렇게 말했다. 나는 그 사람들을 보며 그런 영화를 떠올렸다. 멀리서부터 다가가는 카메라. 그래서 그들의 방이 어떻게 생겼는지 궁금했고, 그 안에서 어떤 시간을 보내는지 궁금했다. 그런 이야기들을 만들어 올 것을 과제로 냈다. 사람들은 자신의 공간을 묘사해왔다. 그 공간을 묘사한 이야기를 들으면 이 세상의 수많은 크고 작은 방에 살고 있는 사람들이 떠올랐다. 혼자 또는 누군가와 함께 시간을 보내고 있는 모습. 방의 모습은 제각각 달랐고 그 안에서 보내는 시간의 형태도 달랐다. 그래서 결국 모두 다 다른 노래나 이야기를 만들 수 있었다. 각자의 방, 각자의 시간을 어떻게 꾸려나가고 있는지 서로서로 이야기를 많이 나눴기 때문에 마지막에 작품을 발표할 때는 모두가 몰입했다. 발표 시간에는 항상 감정이 뻐렁치고 내가 제일 많이 울었다.

평범한 사람이라서, 평범한 일상이라서 할 얘기가 없다던 사람들이 자기 이야기를 쏟아내는 모습이 너무나 사랑스럽고 귀했다. 그 모습을 바로 옆에서 보고 들을 수 있어서 기쁘고 슬펐다. 수년간 여러 창작 수업을 진행

평범한사람들의 발기장 속에는
자신에 대한 질문으로 가득 차 있네
왜 누군가는 축복을 받고
왜 내 얘기는 남에게(?) 들려지는지
하나 못해 길가에 지나는 행복도
내보다 좋은 걸(?) 걷치고 있는것 같은이
내 에미아 비가 언젠가 속에 사라지면
난 집도 절도 없는 독거인이 되는건지
그런 불안들로 짐을 든고 두려움에
자멸 연한 사람이 안같이 본의(?)
평범한 사랑이 나는 좋아요
지나가는 길에 그집에 들어가보고 싶어요

그 이야기를 듣고 싶어요

평범한 사람.

하면서 수백 명의 사람들을 만나고 헤어졌다. 내가 가르쳤던 초등학생들은 이십 대 초반이 됐을 것이다. 10년 전 수업에서 육십 대였던 학생은 지금 칠십 대가 되었겠지. 나 또한 이십 대의 선생님에서 삼십 대의 선생님이 되었다.*(곧 사십 대)*

07.

평범한 사람

평범한 사람이 나는 좋아요
평범한 커피점에서 만나요
평범한 옷과 신발을 신고
사람들 사이에서 눈에 띄지 말아요
평범한 사람이 나는 좋아요
평범한 일상을 함께 보내요

멋있는 사람은 아침에 일어나
거울을 보면 무슨 생각이 들까요
평범한 사람은 거울을 보다가
갑자기 문득 슬퍼질 때가 있는데요
평범한 사람의 일기장 속에는
자신에 대한 질문으로 가득 차 있어요
왜 누군가는 항상 주목을 받고
왜 내 얘기는 너에게도 들리지 않는지
하다못해 길가에 지나가는 동물도
나보다 좋은 걸 걸치고 있는 것 같은데
내 어미 아비가 언젠가 죽어 사라지면
난 집도 절도 없는 독거인이 되는 건지
그런 불안한 질문들과 두려움들이

02:46

가여워 그의 이야기를 들어주고 싶어요

평범한 사람이 나는 좋아요

지나가는 길에 그 집에 들어가보고 싶어요 ♯

후렴을 싫어한다

08. 세상 모든 사람들이 나를 미워하기 시작했다

2집을 만들 때의 목표가 있었다.

1. 반복되지 않는 가사를 쓰고 싶다.
2. 기타가 꼭 필요하지 않은 곡을 만들고 싶다.

 항상 기타로 곡을 썼고, 내가 칠 줄 아는 코드는 무척 한정적이어서 그게 불만이었다. 판소리처럼 리듬에 맞춰 노래만 부르고 싶었다. 그런 마음으로 만들었던 곡이 이 곡이다. 2집 녹음 작업을 하면서 처음 첼로 연주자 혜지를 만났다. 혜지는 무척 어릴 때부터 대학 전공까지 음악만을 해온 엄청난 음악인이었다. 2집 녹음으로 몇 곡을 부탁했는데, 예상한 시간보다 너무 빠르고 수월하게 녹음이 끝나버려서 민망할 정도로 시간이 남았다. 나는 당시 기타로 된 이 곡의 데모를 들려주며 이 곡을 어떻게 해야 할지 모르겠다고 혜지에게 고민을 털어놨다. 혜지는 내게 선뜻 말했다. "지금 바로 해볼까요?"
 혜지의 첼로에 마이크 하나, 내 보컬 마이크 하나를

설치하고 판소리하듯이 노래를 불러나갔고 혜지는 내 바이브를 보면서 즉흥 연주를 했다. 몇 번 해보지도 않고 그대로 녹음을 받아 완성했다.

　누군가를 만나 함께 음악을 하다 보면 이런 순간이 있다. '우와, 정말 엄청난 것을 해버렸다' 하는, 그때가 딱 그랬다. 평소 내 일상에는 음악이 없는 편이다. 대부분 글 쓰는 일이 많기 때문에 음악이 방해가 되어서 조용하게 지낼 때가 많다. 음악을 튼다고 해도 보컬이 없는 앰비언트 음악 위주로 조용하게 틀어놓는다. 그렇게 별로 음악 없는 일상을 보내다가 어떠한 일로든 다른 음악인을 만나 함께 노래하거나 연주할 일이 생기면 그때마다 다시 깨닫는다.

　'우와, 음악은 정말 너무 좋다.'

　신기하게도 음악은 '하면서 즐길 수 있는' 일이다. 다른 일과 비교하면.

　합주하거나 공연할 때도 마찬가지다. 일을 하는 것인데도 즐겁다. 즐길 수가 있다. 그 점이 참 신기하다.*(물론 틀리거나 목이 생각대로 안 트이거나 하면 스트레스 맥스이지만……)*

　이 곡을 2013년에 만들기 시작해 2015년에 완성했다. 2007년에서 2011년까지가 작곡의 전성기였다. 숨 쉬듯 곡을 썼고, 종일 곡 쓰는 일만 해도 너무 재미있었다.

약 스무 곡 정도를 만들었고 그 밖에 기록되지 않은 즉흥 노래도 참 많이 만들고 불렀다. 하지만 1집을 내고 뮤지션이라는 명함이 생긴 뒤로는 뭔가 예전과 다른 방식으로 음악을 해야 될 것 같다는 강박이 생겼다. 누군가 내 음악에 돈을 낸다, 돈을 내고 보러 온다, 들으러 온다는 사실이 나에게 '직업 뮤지션'으로서 자각을 일으켰다.

돈을 받아도 부끄럽지 않으려면 어떻게 해야 할까.

혼자 놀고, 혼자 울면서 만든 음악을 모아서 발표한 1집 앨범과는 다른 것을 해야 했다. 그래서 2집은 연주자들을 초청해 녹음했고 5인 구성의 밴드도 결성했다. 전과 다른 방법으로 새로운 음악을 만들기 위해 기타가 메인이 아닌 곡들을 쓰거나, 반복되지 않는 가사를 염두에 두고 곡을 썼다. 생각하고 신경 쓸 요소가 많아지면서 작곡하는 시간도 엄청 늘어났다. 한 곡을 1년 이상 디벨롭하며 완성하는 일이 많아졌다. 5년 정도 걸려서 완성한 곡도 있고 *(환란의 세대)*, 2015년에 메모를 시작한 곡을 2025년에 완성한 곡도 있다 *(SHAME)*. 나이가 들고 일이 많아지고 바빠지면서 진득하게 앉아 작업할 시간 확보도 어려워져서 그런 것 같기도 하다. 작곡 전성기 때는 내 일상에 무척이나 시간이 많았다. 그래서 그때는 하루에도 몇 곡씩 만들고 앉아 있을 수 있었다. 지금은 짧은 아이디어를 빠르게 메모하고, 1년에 한두 번 그 메모를 들여다보며 조금 디벨롭하고 그런 식으로 작업을 해나간다. 내 음성 메모장에는 처리하지 못한 멜로디가 수백 개 쌓여 있다. 1년에 한두 번 시간을 내서 메모에 이름을 붙이고 우선순위를 나눠 정리할 때도 있지만 메모 쌓이는 속도가 그것보다 더 빨라서 마음의 짐이 점점 무거워진다. 하지만 동시에 앞으로도 '나는 참 할 일이 많겠구나' 싶다. 살면서 말하고 싶은 이야기는 계속 쌓이고, 아직 다 말하지 못한 것들도 너무나 많고. 십 대 이전의 기억부터 사십 대를 바라보는 지금까지.

이 곡은 판소리처럼 한 편의 이야기를 오롯이 들려주고 싶었다. 일단 *(내가 자주 쓰는 작사 방법인)* 긴 일기를 쓰고, 이후 기타를 치면서 일기의 말을 다듬는다. 마디에 들어갈 만하게 말의 수를 정리하고 또 가장 중요한 '숨 쉴 구멍'을 고려해 정리해나가면 가사가 된다. 너무 반복되는 말이나 불필요한 것들을 빼다 보면 두세 장짜리 일기가 A4 반쪽 정도로 짧아진다. 하지만 이 노래를 그렇게까지 줄이지는 못했다. A4 한 장 반이 넘어가는 가사로 완성이 됐다. 보통 노래라는 건 '3분'이라는 암묵적인 공식이 있어서 3분이 넘는 노래를 만들 때마다 '이래도 되나?' 하는 생각이 드는데, 이 노래는 부르면서 7분이 넘어가도 그냥 밀어붙였다.

이 곡의 가사를 쓸 때, 나는 이 이야기를 들려주고 싶은 명확한 대상이 있었고 (이루어지지 않은 사랑의 상대였다) 그와 함께한 순간의 명확한 이미지가 있었다. 어떤 장소와 그 장소에 있던 물건들(이를테면 가사에 등장하는 거울), 그리고 마지막 가사에서 "일어나자마자 나지막이 불러보았던 몇 개의 이름들"이 어떤 이름인지도. 이 곡뿐 아니라 모든 곡에 나는 명확한 이미지가 있다. 무대에서 노래할 때마다 그 이미지가 다시 떠오른다. 노래를 듣는 사람들은 어떤 이미지를 떠올릴까 무척 궁금하다. 다른 음악가의 공연을 볼 때, 나는 내 나름대로 이미지를 연상하며 노래를 듣는다. 노래하고 있는 사람을 어떤 공간과 계절에 대입한다. 아마 대부분 그런 방식으로 노래를 듣지 않을까. 나름의 이미지를 연상하면서.

이전에 이미지를 매개로 작업하는 창작자들과 이런 대화를 나눈 적이 있다. 이렇게 모여 대화하면서 떠오르는 아이디어가 어떤 형태로 머릿속에 등장하는지. 나는 대부분 '이야기'로, 그러니까 텍스트로 문장으로 떠오른다고 했고 함께 이야기를 나누던 현대미술 작가나 애니메이션 작가는 다 어떤 '장면'으로 떠오른다고 했다. 그 차이가 너무 신기해서 서로를 한껏 신기해하며 대화를 나누던 기억이 난다. 나는 대체로 많은 생각이 '텍스트'로 떠오르지만, 음악을 들을 때만은 자주 '이미지'가 떠오른다. 그게 참 신기하다.

내가 노래하면서 떠올리는 이미지는 아마 나만 알고 있을 거고, 듣는 사람들이 떠올릴 이미지가 무엇인지 너무나 궁금하다. 그 장면들을 수집하고 싶다.

08.

세상 모든 사람들이 나를 미워하기 시작했다

세상 모든 사람들이 나를 미워하기 시작했다
내가 그들을 사랑한다고 말하기 시작했을 때부터
사람들은 이상한 것을 칭찬하기 시작했다
일테면 내가 말을 할 줄 안다는 것에 대해
정작 내가 무슨 말을 하는지는 중요하지 않았고
사람들은 말과 말 사이의 흥겨움만 찾기에 바빴다

나는 가지 않아도 되는 파티에 초대받았다
초대 명단엔 내 이름이 틀리게 적혀 있었다

나는 자주적인 삶을 살리라고 생각했다
그래서 내가 선택하지 않은 것들에 두 번씩 생각해보았다
하지만 일상이란 이름 아래 먹고 마시는 것이나
잠을 자고 움직이는 것은 내가 어떻게 할 수가 없었다
무기력감이나 공포심이 찾아올 때면
나는 우는 대신 자전거를 타고 밖으로 나가 달렸다
나처럼 우는 방법을 잃어버린 많은 사람들이
어딘가에 돈을 내고 열심히 땀을 흘리고 있었다

주변 사람들은 털어버리라는 말을 자주 했다
요가 선생님도 맨 마지막엔 손과 발을 힘차게 털도록 시켰다

하지만 왜 사람들이 나를 미워하게 되었는가에 대한
생각만큼은
　　쉽게 털어버릴 수가 없었다
　　운동을 하고 차를 마셔도 잠은 오지 않았고
　　나는 부엌 식탁에 앉아 친구가 돌아오기만을 기다렸다
　　친구가 돌아와 이층에 올라가 잠을 청하는 소리가 들려오면
　　그제서야 나도
　　멍하니 있다가 슬슬 잠이 들었다
　　멍청히 있다가 친구가 돌아오면
　　슬슬 슬슬 잠이 들었다

　　할아버지가 마늘을 까던 베란다에서
　　우리 아버지가 마늘을 까고 있네
　　할머니가 청소하던 냉장고를
　　우리 어머니가 청소하고 있네
　　엄마의 옷은 나에게 맞고 언니는 나와 점점 달라지고
　　동생은 뚱뚱해지고 술을 자주 먹는 것 같고
　　어쩌면 내가 죽기 전에 어쩌면 아빠가 죽기 전에
　　우리는 한 번이라도 대화를 할 수 있을까
　　어느새 내가 묻지 않아도
　　그 대답을 알 수 있을 만한 어른이 되어서

결국 내게 상처를 줬던 그 사건들엔 사실

아무런 이유가 없었다는 걸

아무런 의도가 없었다는 걸 알게 되면

그대로 우리는

그대로 우리는

얼굴을 보면 마냥 서글퍼져서

아무런 말도 나누지 않고

한땐, 어쩌면 제일 즐거웠던

한 시간 혹은 두 시간 아님 온 하루의

그 기억을 둘 중에 하나만 갖고

우연히 만나게 되었을 때도

그저 웃으며 인사하겠지만

사실 나는 모두 기억하고 있단다

그때의 빛나던 머리카락들과 빛나던 이빨들과

그때의 빛나던 단어들과

그때의 기억나던 손짓들과

그때를 비추던 거울들과

그때와 똑같은 습관

일어나자마자 나지막이 불러보았던

몇 개의 이름들 #

나는 왜 몰라요
09. 나는 왜 알아요

2023년 세종문화회관에서 〈왜 내가 너의 친구라고 말하지 않는 것인가〉 낭독극을 올리면서 새로 쓴 곡에 이런 가사가 있다.

나는 왜 다 모를까
왜 다 모르면서
왜 다 안다고 말했을까

〈나는 왜 알아요〉 곡을 썼을 당시에 나는 진짜 다 아는 것 같았다. 왜 이렇게 다 알까, 왜 이렇게 똑똑할까. 천재라는 소리도 지겹도록 들었다. 나 스스로도 천재라고 생각했다. 이렇게 다 알 바에는 영원히 존재하면서 신이 하는 일을 돕고(?) 싶다는 생각도 했다. 세상을 더 좋은 방향으로 바꾸는 데 내가 할 일이 있지 않을까 싶었다. 막상 세상은 자꾸만 더 안 좋은 쪽으로 흘러가는 것 같았고 당최 신은 뭘 하고 있나 궁금했다.

신이 앉아있다
신이 날아본다
\#

어릴 때 엄마가 믿는 종교를 바탕으로 유신론 교육을 받고 자란 탓에 나는 무신론자로 성장하지 못했다. 대신 신에 대한 수많은 질문과 불신과 분노와 질투와 두려움과 부러움을 가진 사람이 됐다. 그래서인지 내가 만드는 모든 작품에 신 이야기가 너무 많이 나온다. 특히 2집을 만들 때 그 특성이 최고조에 달해 〈내가 만약 신이라면〉이라는 곡을 완성했지만 수록하지 않았다. 이 곡까지 넣으면 그야말로 이 앨범은 '신 타령 앨범'이 될 것 같았다.

아주 어릴 때부터 신을 믿었지만, 믿기가 어려웠다. 매일 밤 가족들과 한방에 누워 자면서 불이 꺼진 깜깜한 방에서 천장을 보며 마음속으로 기도했다.

'제발, 제 이마에 물 한 방울만 떨어뜨려주세요. 그러면 진짜 믿을게요.'

신을 믿는 사람들은 어떤 증거로 신을 믿는 걸까. 내가 겪는 세상은 신이 있다고 믿기 어려운 세상이었고 어린 나의 일상에도 고통이 가득했기에 정말 신을 믿기가 어려웠다. 있는 것 같았지만 평소에 뭘 하기에 내 일상도 이 세상도 이 모양 이 꼴인지 싶었다. 구약성경 창세기에는 신이 세상을 창조하는 이야기가 나온다. 신은 딱 그때만 일했던 걸까. 그 창조 일이 너무 고돼서 그 뒤로 쭉 쉬고 있는 건가. 근데 그 창조라는 것도 썩 마음에 들지 않았다. 왜 사람을 이렇게 남자랑 여자로 나눠놨을지. 성경에 나오는 세상도 내가 사는 세상도 전부 남자들 위주로 돌아가고 나는 왜 매달 피를 흘리고 배를 부여잡고 고통받아야 되는지. 생리랑 임신만 남자들에게 맡겼어도 이 세상이 훨씬 나을 텐데……

'아들인 줄 알고 낳은' 딸로 이 세상에 태어나버린 나는, 아주 오랫동안 남자가 되려고 노력했다. 남자가 되어야 나의 가족들도 이 세상도 나를 받아줄 것 같았다. 내 성질과 성향은 항상 리더의 자리를 좇았는데. 그 자리에는 남자들뿐이었다. 어디에 있던지 리더가 되고 싶었고, 그런 자리를 자처했다. 그러기 위해 남자들과 어울리고 남자처럼 행동했다. '여자애들'의 특성을 알고 싶지 않아서 마냥 피했다. 그렇게 여성혐오를 학습하고 실천했고, 결국 나 스스로를 혐오하고, 나의 몸과 정신을 돌보지 않는 방식으로 발전했다. 남자 옷을 입고 남자들과 어울리면서 이성애자 남자들에게 욕망받을 때 기분이 묘했다. 나는 이들의 동료, 친구가 아닌가? 그런 욕망을 내 존재에 대한 인정으로 받아들여야 하나? 혼란 속에서 나를 돌보는 방법은 발견하지 못한 채로 이십 대가 지나갔다.

남자가 되어야만 살아남을 수 있다는 강박에 오랫동안 사로잡혀 있을 때, 다 괜찮고 너는 너로 살면 된다는 말을 누군가 해줬으면 참 좋았겠다는 생각이 든다. 그런 말은 서른이 넘고도 한참이 지나서야 겨우 찾아 들을 수 있었다.

스스로 천재라고 생각하면서도 나는 나를 죽이고 싶었다. 내가 나를 사랑하지 않았고 인정하지 않았기에 나를 죽이고 싶은 생각에 사로잡히는 게 참 쉬운 일이었다. 내 삶은 소중하지 않았고 나는 내 신체를 언제든 버릴 준비가 되어 있었다. 고층 아파트에 살았던 유년기에는 15층 베란다 난간에 다리를 걸치고 앉아 계속 죽음을 상상했다. 십 대 때 일찍이 집을 떠나 남자들의 동료가 되길 원하면서 동시에 욕망의 대상으로 혼란한 삶을 살면서는 내가 가진 얼굴과 몸을 긍정할 수 없어서 마구 다뤘다. 자주 죽고 싶었고, 시도와 실패를 거쳐 죽는 것이 너무 아프고 쉽지 않다는 것도 알게 되었다. 2006년부터 함께 살기 시작한 고양이 준이치를 두고 몇 번의 죽음을 시도하고 실패한 뒤, 한 생명의 보호자로 이렇게 무책임할 수 있나 하는 생각에 준이치의 생로병사 이후로 모든 죽음을 미루었다. 나의 이런 생각을 준이치에게 자주 말했기 때문에 준이치는 2025년 2월까지 초고령 고양이로 내 곁에서 살았다(고 나는 생각한다).

독신이 앉아있다
독신이 날아본다
서로는 바라본다
아무것도 보이지 않는다
하지만 행복하다
그들의 꽃재가 그렇게 되고있다

제의 존재는 무겁고 힘든데요
다른 한 사람에게 감명을 주기도 어렵고요
길게 가는 것들은 결국 다 변들고요

그런 가운데 내가 한 것은 이 마음과 생각을 소리 내 꺼내는 것뿐이었다. 혼잣말을 할 시간은 많았기 때문에. 혼잣말을 실컷 하고 싶어서 가족을 떠났기 때문에. 혼자서 어떤 말도 할 수 있었다. 이제 내 일기는 엄마가 훔쳐보지 않기에 어릴 때처럼 쓰고 지우지 않아도 됐다. 내가 하고 싶은 말을 기록할 수 있는 게 최고의 자유였다. 그래서 혼란 속에서도 기록을 멈추지 않았다. 가족들과 함께 살던 집을 떠난 후, 지금까지 나는 내가 한 모든 기록을 가지고 있다. 그전에 한 생각들은 기억으로만 가지고 있고, 그래서 안타깝지만 어쩔 수 없다. 나는 내 이야기를 기록하는 것으로 자유를 만끽했고 그래서 지금까지 이렇게 살아갈 수 있었다.

다만 준이치의 죽음 이후의 삶을 상상하는 법을 훈련해야 한다. 나를 인정하고 사랑하는 연습을 해야 한다. 똑똑해서가 아니라, 천재라서가 아니라, 내가 나라서 사는 법을 깨우쳐야 한다. 그런 것도 모르면서 〈나는 왜 알아요〉라는 곡을 쓰고 노래했다. 사실 나는 다 모른다. 나로 살아가는 법을 하나도 모른다. 나를 살리는 법을 모른다. 신은 내 이마에 물 한 방울 떨어뜨려주지 않았다. 그래도 나는 살아가야 한다. 이제는 내 삶이 아깝다는 생각이 든다.

09.

나는 왜 알아요

신이 앉아 있다
신은 행복하다
신은 만든다 신을
그에게도 행복을 전하고 싶어서
이제 두 신이 앉아 있다
두 신은 행복하다
아무것도 하지 않는다
가끔 날아보기도 한다
그러다 두 신은 서로를 바라보았다
하지만 아무것도 보이지 않았다
그래도 거기엔 행복이 있었다
그들의 존재가 그렇게 하고 있으니

우리는 행복을 알지 못한다
우리의 존재가 그렇게 하고 있다
지겹게 먹고 싸고 본다
저주받은 것처럼 늙어간다
그러다가 가끔 위를 올려다보았다
거기엔 분명히 뭔가 있었다

04:08

저의 존재는 무겁고 힘든데요

감당하기 어려운 양의 사람들을 만나게 되고요

한 사람을 감명시키기도 어렵고요

다시는 못 볼 사람들과 인사하고요

이해할 수 있는 감정들은 점점 늘어나면서

그걸 말하거나 노래하는 건 더 힘들어지고요

그런데

나는 왜 다 알아요? 🎵

사랑하고, 사라진다
10. 좋은 소식, 나쁜 소식

'좋은 소식, 나쁜 소식'이라는 제목으로 2집《신의 놀이》앨범에 수록한 이 곡은 좋아하는 작가 커트 보니것의 에세이『나라 없는 사람』한 부분에 멜로디를 붙여 만든 곡이다. 같은 책에서 커트 보니것은 "불경스러운 말이지만, 만일 내가 죽으면 천국에 올라가 그곳 책임자에게 물어볼 말이 있다. '이봐요. 대체 뭐가 좋은 소식이었고 뭐가 나쁜 소식이었소?'"라고 썼다. 2007년 4월에 사망한 그는 천국의 책임자를 만났을지 궁금하다. 여전히 천국이 아니라 지구에 살고 있는 나는 좀처럼 인생이 뭔지 모르겠고, 오늘 들은 소식이 좋은 소식인지 나쁜 소식인지 정확한 판단하는 것이 불가능하다. 노래 가사도 그렇다. 여름엔 덥고, 겨울엔 춥고, 둥글고 축축하고 북적대는 지구라는 곳에서 고작 백 년 살까 말까 하는 소식은 과연 좋은 소식일까, 나쁜 소식일까?

며칠 전 숫자 1004와 관련해 두 가지 소식을 들었다. 하나는 뒷자리가 1004로 끝나는 대학병원에서 보낸 암 병동 진료 예약 안내 문자였다. 최근 두 차례 자궁 암 검진을 받으며 초기 암으로 예상되는 자궁경부의 이상 세포들을 발견했고 곧 대학병원에서 한 차례 더 정밀 검사를 받을 예정이다. 두 번째 산부인과 검진 후 의사의 안내에 따라 대학병원 부인암센터 예약을 마친 뒤 영어가 잔뜩 쓰인 소견서를 읽으며 가장 가까운 친구들에게 소식을 전하려는데 핸드폰을 잡은 손이 덜덜 떨렸다. 몇 시간 뒤, 전혀 다른 소식이지만 5년 만에 발매한 3집 앨범 《늑대가 나타났다》가 지금까지 1004장 팔렸다는 소식을 들었다. 요즘같이 CD로 앨범을 듣는 사람들이 많이 없는 시기에 경이로운 판매 기록이 아닐 수 없었다. 두 가지 소식에서 나타난 같은 숫자가 이상한 계시처럼 느껴졌다. 이렇게 수많은 일이 동시에 일어나는 것이 그날 하루만의 일은 아니었지만 그렇다고 익숙한 일도 아니었다.

2집 《신의 놀이》 앨범 타이틀곡 〈신의 놀이〉에는 "중년의 나이에도 절망과 좌절의 무게는 항상 같은가요"라는 가사가 있다. 이십 대 때, 나의 가장 큰 고민 중 하나는 '왜 내가 하는 일들은 하나같이 서툴고 애매할까'였다. 꼭 예술 분야가 아니더라도 여러 직업 경력이 있는 사람들의 빠른 판단력과 효율 높은 실행력이 너무 부러웠다. 이십 대 초반, 예술대학을 휴학하고 이탈리아 레스

토랑 주방에서 일하며 알게 된 요리사 언니들이 특히 그랬다. 제일 바쁜 시간에 피부가 칼에 베이고 오븐에 데이는 나와 달리 그들은 한 번도 다치는 일이 없었다. 커다란 영업용 냉장고 여러 대를 한 번 열었다 닫는 것만으로도 다음 날 영업에 필요한 재료들을 파악하는 것이 가능했고, 미끄러지지 않는 주방용 슬리퍼를 신고 춤을 추듯 주방 안을 누비며 다치지 않고 일하는 모습은 경이롭기까지 했다. 당장 해야 할 일과 미뤄도 되는 일이 파악되지 않아 매일 헐레벌떡거리던 내 눈에 비친 언니들은 여유가 많아 보였고, 같은 공간에 있어도 이들의 하루는 내 하루와 전혀 다른 것 같았다. 아무래도 경험과 여유가 많은 '중년의 나이'가 되면, 절망하고 좌절할 일도 대폭 줄어들리라 생각이 들었다. 그때 내 눈에 주방의 신처럼 멋지게 보였던 언니들보다 몇 살 더 많은 나이로 살고 있는 지금의 나는 점점 중년의 나이에 가까워지고는 있지만, 절망하고 좌절하는 일이 여전히 너무나 많다. 집과 학교, 가족과 가까운 친구들 속에서 고민하던 시간을 벗어나, 사회 속에서 고된 일과 아픔과 병과, 죽음 속에서 점점 더 깊게 절망하고 무겁게 좌절하는 순간이 늘어난다.

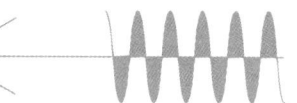

오늘 들은 숫자 1004와 관련한 두 가지 소식 중 어느 것이 좋은 소식이고 어느 것이 나쁜 소식일까. 사실 좋고 나쁜 것을 구분하는 게 애초에 불가능한 일인지도 모르겠다. 그래서 이 곡의 제목은 정말 아이러니하다.

10.
좋은 소식, 나쁜 소식

젊은 친구 지구에 온 것을 환영하네
여름엔 덥고 겨울엔 추운 곳이라네
둥글고 축축하고 북적대는 곳이라네
자네 이곳에서 고작해야 백 년이나 살까
세이프 섹스를 하고 새 생명을 내보내지 말게
이 지구는 하나님이 아니라 사탄이 만들었다네
믿을 수 없다면 조간신문을 사서 읽어보도록 하게
어떤 신문이든 어떤 날짜든 상관없다네 #

02:28

나 아니면 누가 이 일을 말할 수 있을까

3

늑대가 나타났다 2022	01. 늑대가 나타났다 03:38
	02. 대화 03:17
	03. 잘 듣고 있어요 04:15
	04. 환란의 세대 03:46
	05. 빵을 먹었어 05:17
	06. 의식적으로 잠을 자야겠다 05:40
	07. 그 아무런 길 04:45
	08. 박강아름 05:23
	09. 어떤 이름을 가졌던 사람의 하루를 상상해본다 05:15

이랑이 나타났다
01. 늑대가 나타났다

2016년, 2집 앨범 《신의 놀이》를 발매 후 종종 이런 연락을 받았다.

"이랑 님, 이번 주 토요일 ○○○ 집회에서 행진할 때 〈신의 놀이〉 곡을 틀어도 될까요?"

강남역 살인사건이 있던 해였고, 기억나는 여성 집회가 유난히 많던 해였다. 몇몇 집회에는 직접 가서 공연을 했고 행진 때 노래를 틀기도 하면서 내 노래의 아쉬운 점을 발견했다. 바로 따라 부르기 어렵다는 것이었다. 워낙 반복되는 가사를 쓰지 않거니와 2집 앨범을 만들 때는 반복되는 가사가 없도록 특히 신경 썼기 때문에 결과적으로 나도 가사집을 펼쳐놓고 불러야 틀리지 않는 정도다. 원작자도 이러니 듣는 사람들은 오죽할까. 자고로 행진은 귀에 쏙 들어오는 구호를 함께 외치며 걸어야 힘이 나지 않나. 구구절절 반복이 없는 노래는 행진에 별 도움이 안 될 거라는 생각이 들었다. 〈신의 놀이〉를 행진곡으로 사용 요청을 받을 때마다 죄송한 마음으로 허락

했다. 행진하면서 힘차게 따라 부를 수 있는 노래를 만들고 싶었다. 가능하면 후렴이라도 힘차게 따라 부를 수 있는 그런 곡.

2019년 초, 〈늑대가 나타났다〉 가사를 쓰기 시작했다. 당시 나는 몸과 정신의 분리감으로 무척 힘들어하던 시기였는데, 일본인 트랜스젠더 친구가 내게 읽어보라며 실비아 페데리치의 『캘리번과 마녀』를 추천해줬다.*(친구는 내 분리감이 트랜스젠더가 느끼는 디스포리아*성별 불쾌감, gender dysphoria *와 비슷한 것 같다고 했다)* 책을 읽다가 중세 유럽 사회 운동 이야기에 등장하는 '빵, 포도주, 마녀, 성문' 같은 단어들을 가사로 쓰면 좋겠다는 생각이 들었다. 한국에서 부를 행진곡이라는 점을 살리기 위해 K-패치를 적용해서 국밥이나 막걸리, 시청광장 보신각으로 단어를 바꾸고 싶다는 생각은 처음부터 없었다. 그나저나 마녀라는 단어에 K-패치를 적용하면 어떤 단어가 되는 걸까? 아무리 고민해도 답이 나오질 않았다.

곡을 다 쓰고 보니 행진곡으로 따라 부르기에는 가사 반복이 너무 없었다. 중간에 *(글로는 표현되지 않지만)* 멜로디가 바뀌는 "도시 성문은~" 부분이 나오기 전까지 비슷한 단락이 네 번 나오는데, 매 단락 끝에 'ㅇㅇ가 나타났다' 하는 부분만 그나마 따라 부를 수 있을 것 같았다.

그래도 네 문장이나 따라 부를 수 있다니…… 예전 곡들에 비하면 엄청난 성장이었다. '마녀, 폭도, 늑대, 이단이 나타났다!' 하고 외치며 행진하는 사람들을 상상하니 가슴이 벅차올랐다. 마땅한 것을 요구하는 사람들을 사회가 마녀, 폭도, 늑대, 이단 취급할 때, "그래, 너희가 그렇게 무서워하는 우리가 나타났다!"고 외치면 되려 가슴이 시원할 것 같았다. 이제 제목을 어떻게 할지가 고민이었다. 마녀, 폭도, 늑대, 이단 중 무엇이 나타나도 좋지만 이 중에 가장 제목 같은 게 무엇일까. 혼자 고민해도 답이 나오지 않아 SNS 투표 기능을 이용해 하루 동안 의견을 모아봤다. 짧은 합주 영상을 올리고 이미 제목이 정해진 것처럼 "이 신곡의 제목은 무엇일까요?" 하고 네 가지 보기를 만들어 올렸다. 대략 600명의 사람들이 투표에 참여한 결과는 다음과 같았다.

마녀가 나타났다   *48%*
폭도가 나타났다   *9%*
이단이 나타났다   *23%*
늑대가 나타났다   *20%*

많은 사람이 페미니즘에 대해 공부하고 말하고 연대하던 시기여서 그런지 '마녀가 나타났다'라는 제목에 가장 투표수가 높았다. 투표를 연 2019년에 〈마녀가 나타났다〉라는 곡을 바로 발표하면 좋았겠지만, 곡을 녹음하고 믹싱하고 앨범으로 만들어 발표하는 데 앞으로 얼마나 더 시간이 걸릴지 모르는 상황이었다. 몇 년 전부터 외친 '앨범 발매 예정'이라는 말이 무색해질 정도로 2019년, 2020년이 성과 없이 빠르게 지나갔다.(결국 2021년에 발매했다) 좁은 합주실에 밴드 멤버들을 불러 모아 곡 작업을 하는 건 감염병 시대에 맞지 않는 일이라 여겨졌기에 멤버들과는 가끔 온라인으로 얼굴을 마주하고 안부를 나누었다. 이러다 몇 년이 더 지나면 '마녀'라는 단어의 의미가 또 다르게 변할지 모르겠다는 생각도 들기 시작했다. 그렇다면 폭도는? 이단은? 네 가지 이미지를 모두 포함하면서도 우화적이라 반감이 덜한 늑대가 곡 제목으로써 그나마 이 모든 시기를 지나고도 생명력이 남아 있지 않을까 싶었다. 나는 투표 결과의 1위인 마녀와 3위인 늑대 사이에서 꽤 오랜 시간 고민을 하다 결국 우화의 힘을 빌려 늑대를 선택하기로 마음을 먹었다. 그나저나 폭도는 왜 4위를 한 걸까.

코로나 확산 전, 대면 공연이 가능했던 2019년에 이 곡을 한두 번 무대에서 부른 적이 있다. 그중 재미있었던 반응은 곡의 정확한 가사를 모르는 사람들이 "이단이 나타났다"를 '이랑이 나타났다'라고 듣는 거였다. 사람들이 '이랑이 나타났다'라고 가사를 바꿔 따라 부르는 걸 들으니 기분이 묘했다. 마녀, 폭도, 늑대와 함께 이단이 아니라 이랑이 나타나는 것도 나쁘지 않겠다는 생각이 들었지만 그래도 이 착오는 마음속으로만 품기로 했다. 동시에 내 이름이 '이단'이면 좋겠다고도 생각했다.

01.

늑대가 나타났다

이른 아침 가난한 여인이
굶어 죽은 자식의 시체를 안고
가난한 사람들의 동네를 울며 지나간다
마녀가 나타났다

부자들이 좋은 빵을 전부 사버린 걸
알게 된 사람들이 막대기와
갈퀴를 들고 성문을 두드린다
폭도가 나타났다

배고픈 사람들은 들판의 콩을
주워 다 먹어 치우고
부자들의 곡물 창고를 습격했다
늑대가 나타났다

일하고 걱정하고 노동하고 슬피 울며
마음 깊이 웃지 못하는
예의 바른 사람들이 뛰기 시작했다
이단이 나타났다

도시 성문은 굳게 닫혀 걸렸고 문밖에는 사람이

도시 성문은 굳게 닫혀 걸렸고 문밖에는 사람이

내 친구들은 모두 가난합니다
이 가난에 대해 생각해보세요
이건 곧 당신의 일이 될 거랍니다
이 땅에는 충격이 필요합니다
내 친구들은 모두 가난합니다
이 가난에 대해 생각해보세요
이건 곧 당신의 일이 될 거랍니다
이 땅에는 충격이 필요합니다
우린 쓸모없는 사람들이 아니오
너희가 먹는 빵을 만드는 사람일 뿐
포도주를 담그고 그 찌꺼기를 먹을 뿐
내 자식을 굶겨 죽일 수는 없소

마녀가 나타났다
폭도가 나타났다
이단이 나타났다
늑대가 나타났다 #

세상 모든 사람들은 이야기 중독이다
02. 대화

인생에는 의미가 없기 때문에 사람들은 의미를 찾으려고 한다. 나 또한 '왜 살아야 하지?' 이 질문을 매일 일어나면서 잠들 때까지 반복한다. 그 누구도 대답해줄 수 없는 질문이지만 놓을 수도 없는 질문이다. 왜 그리고 어떻게 살아야 하나. 모르지만 어쩌면 힌트를 찾은 것처럼 작품에 녹여야 할 때가 있다. 이 노래에서는 이렇게 말한다. '네 이야기를 들려줘야 한다'고.

    삶에는 의미가 없다. 다만 살아 있다는 것은 확실하다. 살아 있고, 어떻게 살고 있는지 그 이야기를 사람들은 듣고 싶어한다. 내 생각에 사람들은 모두 이야기 중독이다. '누가 어디서 어떻게 살고 있대~' 하는 이야기를 수 세기에 걸쳐 온갖 사람들이 해오고 있다. 실제 있었던 이야기로도, 만들어진 이야기로도 말이다. SNS를 들여다보는 것도, 시와 소설과 에세이를 읽는 것도, 드라마와 영화를 보고, 유튜브를 보는 것도 다 이야기를 만나기 위해서. 누가 어떻게 살고 있는지 그 이야기를 만나기 위해서다. 나를 포함해 수많은 사람이 이야기 중독이기에 나는 이야기 만드는 직업을 가진 게 참 뿌듯하고 좋다. 이 세상에서 이야기는 사라지지 않을 거고, 어떤 형태로든 사람들은 이야기를 찾을 테고, 나는 이야기를 끊임없이 만들며 살아가면 될 테고. 막연하게는 그렇게 내 인생을 설계하고 있다.

내 이야기를 하는 것, 내 이야기를 변형해서 가상의 이야기로 만드는 것, 그리고 더 많이 상상해서 다른 사람의 이야기를 만들어내는 것. 모두 어려운 일이지만 잘하고, 잘할 수 있고, 잘하고 싶고, 오래 하고 싶은 일이다. 하지만 이 중에 어떤 이야기를 사람들이 좋아할지. 그게 참 어렵다. 그래서 이 노래에서는 화자 두 사람이 부딪친다.

할 말이 없고, 왜 말해야 하는지 모르겠는 사람.
할 말이 없다는 그 이야기마저 들려달라는 사람.

이 둘은 내 마음속에서 항상 부딪치는 화자들이다. 이야기를 쓰기 위해 말을 가지고 작업하는 사람이기에 눈 뜨고 살아 있는 매 순간 그에 집착한다. 세상에 쏟아져 나오는 이야기들이 뭔지 알아보는 데도 시간을 쓰고 그 사이사이에 내가 할 이야기를 찾는다. 하지만 그렇게 찾은 이야기가 과연 '쓰임'이 있을지는 확신이 없다. 확신이 없기 때문에 만들면서도 괴롭고, 그만두고 싶지만 그 마음마저 쓰기에 바쁘다. 언제 어떻게 쓰일지 모르겠다고 생각하면서 괴로운 마음과 자신 없는 마음마저 계속 쓰고 있다. 중독이고, 직업이고, 병이다. 〈잘 듣고 있어요〉라는 곡 첫 가사도 이런 마음으로 썼다.

> 이게 어떤 쓰임이 있을지 의미가 있을지 모르는데
> 어떤 사람들은 즐거웠다 하고 기뻤다 하고 눈물 흘렸다 하고

한창 노래를 많이 만들던 이십 대 때는 우선 기타 치는 걸 너무 좋아했다. 내 몸과 같이 좋아했기 때문에 당시 친구가 찍은 사진들 속 나는 언제나 기타를 들고 있다. 지금 쓰는 일반 사이즈의 어쿠스틱 기타보다 작은 *(여성용 기타라 불리는)* 가볍고 작은 기타를 썼었다. 실제로 어디든지 들고 다닐 수 있었고 경기도에 사는 친구 집에 놀러 갈 때도 기타를 메고 갔다. 불면증의 밤이 찾아오면 작은 소리로 줄을 튕기며 이 말 저 말 내뱉으며 불러댔고, 그렇게 해서 한 곡을 만들면 잽싸게 노트북으로 녹음한 뒤에 단체 메일로 친구들 몇 명에게 보냈다. 올해 우리 집에 놀러 왔던 안 선생님이 그 얘기를 꺼내기에 놀랐다. 안 선생님은 내가 *(실패한)* 미대 입시 준비생일 때 미술학원의 강사로 만난 분이고, 여전히 사이좋게 지내고

이 노트엔 좋은 일기가 많다.
한편으로는 불안에 떠는 내가 있고,
쓸데없이 미래를 생각하는
내가 있다. 끝없이 매일, 되고
싶은 사람이 있고, 그가 되지
못해서 슬픈 내가 있다.
'일어나자마자 나지막히
　　불러 보았던 몇개의 이름들'
내가 살고 있는 이 하루를, 너도
무사히 살고 있기를. 서로 무사히
살아내어서 다시 만날 수 있기를.
여전히 아름답기를, 슬프기를,
사랑하고 다시 헤어지기를,
계속 그렇게 하는 수 있기를,
잊지 않기를, 바라고 또 바란다.
소리내어 이름을 부르고 싶다.
　　그걸 듣고 돌아볼 너의 근처에서.

있다. 안 선생님은 당시 내가 메일로 보냈던 온갖 데모곡들을 여전히 가끔 듣는다고 이야기하며, 그중 내가 만들었고 불렀다는 걸 잊고 싶은 부끄러운 곡까지 외우고 있었다. 기억하니 다시금 부끄럽다. 그 노래는 예술병 중증 환자가 생활을 꾸리는 방법은 하나도 모르지만, 예술가답게 사는 방법은 알기 때문에 그걸 알려주겠다 노래하는 그런 내용이었다.*(아악!)*

아무튼 매일 밤, 기타를 치며 방언처럼 말을 내뱉고 노래하고 소리 지르고 그걸 또 녹음하고 듣고 메일로 친구들에게 보내던 그때와 지금의 밤은 너무 많이 다르다. 왜인지 기타를 점점 꺼내지도 만지지도 않게 되었고 쳐도 재미가 없다. 그래서 지금은 그냥 컴퓨터 바탕화면에 있는 일기 파일에다 일기를 연이어 쓴다. 내 일기 파일명은 '미안하지 않은 나의 사랑과 죽음 일기'이다. 매해 1년 치 일기를 쓰고 파일로 저장하는데 이번 일기 파일은 2021년 초부터 연이어 쓰고 있다. 이십 대 내내 기타를 치며 입으로 일기를 썼던 것과 비슷하다. 다만 기타 없이 일기를 쓰고 있을 뿐이다.

언젠가부터 노래를 만드는 방식이 정해졌다. 기타를 설렁설렁 치면서 말을 내뱉기. 그 말을 정리해서 한 곡을 만들기.*(미발표곡 포함)* 3~40곡 정도는 그렇게 만들었다. 재미있었지만 그 뒤로는 만드는 재미가 없어졌다.

2집 발표 이후로는 조금씩 만드는 방법을 바꾸고 있다. 다른 사람이 만든 전자음악 트랙 위에 노래하기, 피아노로 작곡한 멜로디에 노래 붙이기, 아무 멜로디도 없이 목소리로만 만들기 등등. 그럴수록 기타 칠 일이 점점 없어졌다. 하지만 언젠가 다시 기타를 치면서 노래를 만들 것 같다. 10년 후, 20년 후라도 말이다. 처음 노래를 만들 때처럼 C코드 하나로 한 곡. 그런 식으로 단순하게, 심심하게 하지만 재미있게.

02.

대화

A   이 세계에는 뭔가 중요한 것들이 있을 테고

그건 내 얘기는 아니라는 것은 난 잘 알고 있어

질문은 물론 있고 말고 알고 싶은 것들도 많지만

난 묻지 않을 거야 묻지 말라고 그렇게 배워왔어

나를 보고 싶지도 만나고 싶지도 않아 그래도

내가 불쌍하기는 해 그건 확실해 나는 불쌍해

거울을 볼 땐 얼굴을 보지 않고

발가락이 움직이는 것만 보곤 하지 난 그렇게 살아왔어

그래 난 이렇게 할 얘기가 없어

듣기 싫어 네가 하는 말들 네가 하는 충고들이

이제 그만 이제 그만 난 할 말이 더는 없어

예전에도 그랬고 앞으로도 계속 난 그럴 거야

그래 난 네게 싫다고 말을 해

만났던 사람들 거의 모든 사람들을 난 기억하지만

잊고 싶은 사람이 많고 잊어야만 했어

갈 수 없는 곳이 점점 늘어나고 난 그렇게 익숙해져

그런데 왜 내게 계속 말을 거는 거야

왜 내게 계속 내게 계속 말을 하라는 거야

그만 이제 그만 이제 그만

그래 우리는 여전히 여기 있어

생각만 하고 생각만 하고 생각만 하면서 #

03:17

B

그래 그런 게 넌 궁금하겠지
이 세상엔 어떤 얘기들이 남아 전해지는 걸까
너는 무슨 얘기를 해야 할까 의문이겠지
무슨 얘기도 해도 되는 걸까 궁금하겠지
그래 그렇게 질문부터가 시작인걸
누가 네게 그런 말을 했고 너는 왜 듣고 있었는지
그래 그런 게 네 이야기가 될 거야
네가 먹고 네가 걷고 네가 따라왔던 길
네 얘기는 들려지고 또 들려지게 될 거야
예전에도 그래야 했고 앞으로도 그렇게 될 거야
그래 넌 내게 싫다고 말을 해
네 얘기는 보잘것없고 쓰잘데기 없는 말들이라고
네게는 아무도 없고 그게 네 일생이라고
그래 그 얘기들을 들려줘야 해
그 얘기가 전해지고 들려지는 경험을 해봐야 해
내일 네가 너를 만나 대화할 수 있다면
넌 무슨 말로 대화를 시작할래
그래 우리는 여전히 여기 있어
생각하고 생각하고 또 생각하면서 #

"우리는 환대에 의해 사회 안에 들어가며 사람이 된다"

03. 잘 듣고 있어요

일에 지치고 삶이 고된 순간이 찾아오면 5년 전 유튜브에 올린 〈잘 듣고 있어요〉 뮤직비디오 댓글들을 읽으러 간다. 이상하게 이 영상의 댓글들은 읽고 또 읽어도 감동적이고 매번 힘이 난다. 누군가의 대답을 들을 거라 생각하며 이 가사를 쓴 건 아니었지만 많은 분이 물어봐줘서 고맙다며 자신이 어떤 시간에 어떤 순간에 이 노래를 듣고 있는지 댓글에 쓰기 시작했다. 나는 사람들이 이 질문 하나에 그렇게 많은 이야기를 펼칠지 몰랐고, 놀랐고, 동시에 너무 기뻤다. 가사에 나오는 "잘 듣고 있나요"라는 질문의 대답으로 "잘 듣고 있어요"라며 짧게 달리던 댓글들이 점점 길어지기 시작했다.

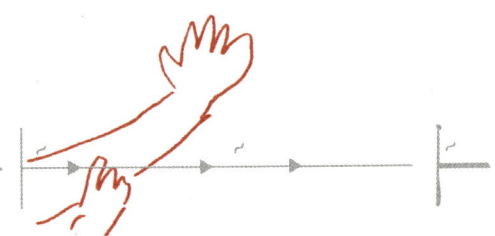

[댓글]

'당신의 이야기는 이제 나의 이야기도 되어 기차에서 한 번, 시골 밤하늘 보면서 한 번, 퇴근길에 두 번, 친구가 울 때 한 번, 다시 만나자고 할 때 여러 번. 잘 듣고 있어요.'

'혼란스러울 때, 화가 날 때, 울음을 참고 집에 돌아와서 펑펑 눈물을 쏟고 싶을 때 들어요. 그때마다 노랫말을 따라 읽고 물음을 던지다 보면 답은 나오지 않아도 그때의 감정만큼은 이 노래와 같이 풀어낼 수 있었어요. 잘 듣고 있어요.'

'숨 막히게 지치는데 이유를 알 수 없을 때 이 노래로 돌아오게 돼요. 답답함과 억울함인지 아니면 슬픔인지 가사가 물어봐주거든요. 천천히 생각하고 위로받게 되어 자꾸 찾네요. 잘 듣고 있어요.'

'공부하다 너무 힘들 때, 부모가 미울 때, 잠든 아이를 보고 감정이 복잡하고 쓸쓸해질 때, 숨 막힐 때, 설거지하다 흥얼거릴 노래를 찾다가 문득, 정적이 흐르는 집에 혼자 있을 때, 엘리베이터 안에 혼자 있을 때, 인적이 드문 도로 옆 길가에서. 잘 듣고 있어요.'

'서럽게도 아픈 오늘 야자를 빼고 조퇴해 집에 온 수능 13일 남은 지금 잘 듣고 있어요. 공부하다 이 노래 들으면서 위로

받고 가요. 잘 듣고 있는 모두만의 '지금'을 이야기하는 댓글이 많이 보이고요. 노래 하나로 이렇게 많은 사람의 많은 이야기가 이어져 나간다는 것이 정말 즐겁고, 좋고, 사랑스러워요.'

'저는 초등학교 6학년 때 이랑 님 노래를 처음 접했고 이제 중학교 3학년이 되어서도 매년 노래를 들으면서 새로운 감정을 느꼈어요. 점점 더 가사와 음이 몸에 와닿는 느낌이었습니다. 어쨌든 제가 드리고 싶은 말은 정말 잘 듣고 있단 거예요. 나중에 어른이 돼서도 이랑 님의 노래로 위로받는 날이 왔으면 좋겠어요.'

모니터 앞에 혼자 앉아 오랜 시간 글만 쓰다 보면 내가 과연 이 사회에 속한 사람인지 아닌지 혼란스러워질 때도 있다. 그럴 때 나와 다른 사람들이 어떤 시간에, 어떤 순간에 내 노래를 듣고 있는지 다시 찾아 읽으며 나도 다시 일하고, 글쓰고, 노래할 힘을 찾는다. 무척 좋아하는 사회학 책인 『사람, 장소, 환대』에는 "우리는 환대에 의해 사회 안에 들어가며 사람이 된다"라는 문장이 나온다. 나는 5년째 계속 이어지는 이 댓글 창의 환대가 앞으로도 계속되기를, 그래서 내가 이 사회 속의 한 사람으로 계속 살아갈 수 있게 되기를 마음 깊이 바라고 있다.

나는 오늘도 초등학교 6학년 때부터 내 노래를 들으며 중학교 3학년이 된 어떤 사람과, 2년 전 수능을 13일 앞두고 찾아왔던 어떤 사람과, 잠든 아이를 바라보며 쓸쓸한 감정을 느꼈던 어떤 사람과, 기차를 타고 시골 밤하늘을 보며 노래를 들었던 어떤 사람과, 펑펑 쏟아지려는 울음을 참고 집에 돌아와 〈잘 듣고 있어요〉 비디오를 켜고 노래를 듣던 어떤 사람과 함께 이 사회를 살아가고 있다. 그들이 어떤 이름을 가지고 어떤 하루를 보내고 있는지 다 알 수는 없지만 이 하나의 노래를 매개로 서로의 순간을 공유하는 시간이 있기에 우리가 같은 사회 안에 있다는 것만은 확실히 알 수 있다.

그리고 나도 당신들의 이야기를 정말 잘 듣고 있어요.

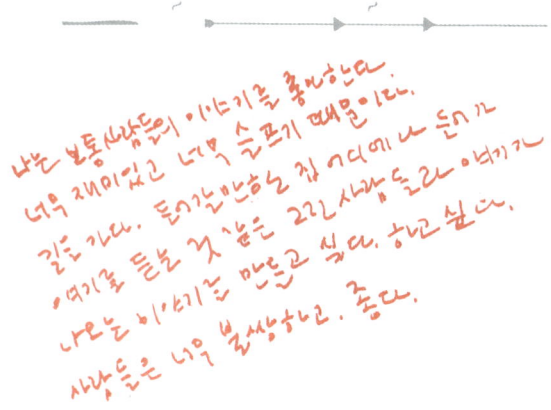

03.
잘 듣고 있어요

이게 어떤 쓰임이 있을지 의미가 있을지 모르는데
어떤 사람들은 즐거웠다 하고 기뻤다 하고 눈물 흘렸다 하고
내게 많은 사람들이 건네는 인사말은 "잘 듣고 있어요"
날 만난 적 없어도 만나지 않아도 처음 만나도 "잘 듣고 있어요"
잘 듣고 있나요 어떤 시간에 어떤 순간에 왜 이 노래를
듣고 있나요 아무것도 아닌 질문밖에는 없는 이 노래를
(또 듣고 싶나요 어떤 시간에 어떤 순간에 왜 이 노래를)

바다의 왕이 큰 병이나 고칠 방법이 없대요
    내 친구 해미는 얼마 전에 복강경 수술을 받았고
바다의 왕을 고칠 유일한 방법은 토끼의 간이래고
    유리의 강아지 담이의 암은 완치가 되었다죠
거북이는 용왕의 청으로 토끼를 잡으러 나섰고
    한다는 세계를 떠돌아다니다 내 옆에서 코를 골죠
아이고 토 선생님 이렇게 만나뵈 영광입니다
어떻게 지내셨는지요 당연히 잘 지내셨겠죠
거북이 선생 왜 그렇게 생각하는지 난 모르겠소
내 평생 쫓기고 숨어 마음 졸이는 하루하루인데
거북이와 함께 바다에 간 토끼의 간을 노리는
용왕 앞에서 토끼는 꾀를 내 이렇게 말을 하죠

04:15

누나 저 군대 가기 전까지 재밌는 거 많이 하고 싶어요
아이고 미리 말씀하셨으면 간을 가지고 오는 건데
누구는 목숨을 찾고 누구는 사랑을 좇는 거겠죠
잘 알고 있어요 듣고 있어요 기억하고 외우고도 있죠
의미가 있는 이야기는 듣고 또 들려주고 싶어요
잘 듣고 있어요 듣고 있어요 잘 듣고 있어요

내게 많은 사람들이 건네는 인사말은 "잘 듣고 있어요"
잘 듣고 있나요 잘 듣고 있나요 잘 듣고 있나요
잘 듣고 있어요 ♯

나는 누구 한 명도 살릴 수 없는 사람이다
04. 환란의 세대

2015년 11월에 만든 곡. 아이폰 음성 메모를 뒤져서 나온 멜로디에 가사를 붙여서 쓴 곡이다. 나는 메모광이라서 온갖 방법으로 메모를 해두는데, 멜로디를 메모할 때는 음성 녹음밖에 방법이 없어서 *(텍스트로 멜로디를 메모할 순 없으니까…… 악보는 볼 줄도 쓸 줄도 모른다)* 내 음성 메모에는 정말이지 너무나 많은 멜로디가 쌓여 있다. 무서운 양으로 쌓여 있다. 죽기 전까지 다 처리하지 못할 것이다.

나는 2014년 말부터 2015년 말까지 관객 앞에서 하나의 신곡을 만드는 〈신곡의 방〉이라는 작곡 쇼를 했었다. 창작의 순간은 고독하고 고통스럽지만, 그때만 느낄 수 있는 엄청난 재미와 희열도 있기 때문에 그걸 공유하고 싶어서 만든 공연이다. 2013년인가에 일본에서 동명의 공연 시리즈를 보고, 이 공연 콘셉트를 이어받아 한국에서 하고 싶다고 이야기해서 허락을 구해 시작했었다. 매달 한 명의 게스트 음악가를 초대해 둘이 하나의 곡을 만드는 쇼였고, 곡이 완성되지 않으면 끝나지 않는

쇼여서…… 관객들은 앉아서 그림도 그리고 일기도 쓰고 뜨개질도 하고 다과도 먹고 마시며 작곡 쇼를 관람했다. 평균적으로 4시간 정도 걸려야 곡이 완성됐다. 평소에 하는 작곡 퀄리티를 기대할 순 없었지만 그래도 나름 재미있는 곡들이 완성됐다. 그렇게 11차례, 11명의 음악가와 함께 11곡을 만든 뒤 마지막 행사는 이랑과 이랑의 음성 메모 편으로 꾸렸다. 관객들 앞에서 음성 메모 안에 쌓인 이것저것의 멜로디를 꺼내 들려주고 그중에 마음에 드는 것을 하나 고른 다음 칠판에 가사를 써내려갔다. 2015년 11월, 〈환란의 세대〉 데모 음원을 녹음한 것을 마지막으로 〈신곡의 방〉 모든 시리즈를 끝마쳤다. 당시 2집 앨범의 구성이 대략적으로 다 끝난 상황이었는데, 이 곡을 넣으면 좋겠다는 생각이 들어 제작사 대표에게 음원을 보내두었다. 하지만 별다른 답장이나 코멘트를 받지 못해서 단순하게 '아 곡이 별로인가 보다' 하고 잊고 지냈다.

그래도 밴드랑 공연할 때는 이 곡을 자주 연주했다. 나도 좋았고 듣는 사람들도 이 곡을 좋아해주었다. 아무래도 이 곡은 잘 만든 것 같은데…… 앨범에 실릴 만하지 않는 이유가 뭘지 궁금했다. 2집을 완성한 뒤에 그 이유를 알게 되었다. 제작사 대표가 그 메일을 읽지 않았던 것이었다. 그래서 〈환란의 세대〉는 언제 나올지 모를 3집의

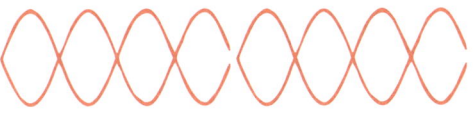

수록곡이 되는 방향으로 순서가 미뤄졌다.

음원이 발표된 후 가사로 정리된 말들을 보고 있으면 나의 눈과 머릿속에는 그 가사를 쓰기 위해 썼던 일기와 문장들이 떠오른다. 한숨을 쉬며, 담배를 피우며, 울면서 쓴 일기들. 첫 번째 단락은 도쿄의 친구 유키, 나리타와 헤어질 때 그리고 이십 대 초반에 친했던 영국 친구 제이미와 헤어질 때, 코키의 엄마와 헤어질 때. 아무튼 '다시 만날 가능성이 있는' 사람들과 헤어질 때 너무 오열하는 경우가 많아서…… 옆에 있던 친구가 '왜 그래? 또 만나면 되잖아?' 하며 어리둥절해하곤 했다. 하지만 나는 그런 생각은 들지 않았다. 매번 '이 이후로 만날 수 없다면?'이란 생각, 그리고 그들과 함께했던 시간이 나는 행복했고, 그 시간 때문에 그날 살아 있었기 때문에 이 시간이 없이는 또 살아나갈 수 없으리라는 공포심이 있었다. 어쩌면 다 순전히 나 때문에 운 것이다. 나, 어떡하지?

엊그제 즐거운 회의를 하고 헤어지기 전, *(업무 관계자들인데도 너무 좋아하는 분들이라)* 담배를 피우면서 또 비슷한 생각이 들어서 말했다. 서로 너무 좋아하는데, 앞으로 몇 번이나 더 만나서 서로 얘기를 나누고, 나를 너에게 전할 수 있을까요?

이 문장의 목적은 결국 '나는 너에게 전해치고 싶다'였던 건가.

"모든 것이 지난 후에 그제서야 넌 슬피 울겠니" 이 문장을 쓰던 날도 기억난다. 학교 작업실(동아리실) 안에서 어둠 속 창문에 비치는 얼굴을 보고 있었다. 이 이미지가 나에게는 굉장히 많고, 이 이미지 속에서 많은 작곡을 했다. 어둡고 외진 곳에 있었던 2층짜리 학생회관 창밖은 밤이 되면 정말 암흑같이 컴컴했다. 그래서 스탠드를 켜고 있는 내 방의 모습이 커다란 창에 거울처럼 비추었다. 나는 거울이 된 창을 보며 춤을 추고 노래 부르고 노래를 만들었다. 하지만 대부분 그냥 비치는 내 얼굴을 보며 생각에 잠겨 있었다. 이해되지 않는 것들을 떠올리면서.

당시 이해되지 않는 것은 어떤 한 사람이었다. 무척 예민하고, 무척 계산적이고, 무척 소심한. 말과 행동이 불쑥불쑥 튀어나오는 나였기에 그런 사람을 보고 '저 사람은 나~중에 가서 모든 걸 후회할까?' 하는 생각을 했다. 어떤 말을, 어떤 감정을 제쳐두고 사는 사람은 얼마든지 많이 만나지만 그런 사람들과 '절친'으로 지내기는 어렵다. 또한 말하고 싶은 것이 생기면 말하지 않고는 병이 나는 체질(?) 상 무언가를 계속 꾹꾹 참는 것이 나는 정말 힘들다. 아직도 말하지 못하는 것이 많아서 병은 낫지 않았지만, 그래도 대충 몇 가지는 말하면서 살 수 있는 직업이라 다행이다. 생각나는 말을 하루 종일 한마디도 할 수 없는 곳에 산다면 얼마나 지옥일까.

다음에 또 만날 수 있는 가능성이 높은 이별이라도 여전히 이별하는 순간마다 고통스럽다. 나는 오열하고 눈물을 참지 못하고 길에서도 버스나 지하철에서도 훌쩍거린다. 모든 순간에 사건 사고로 누군가 먼저 죽는 상상을 하고 그 공포에 휩싸여 내가 먼저 죽고 싶어진다. 누군가 죽는 것을 막을 수 없고 막지 못했다는 죄책감에 살기 힘들다. 그런데 살아가려면 이 무력감을 인정해야만 한다. 나는 한낱 누구 한 명 살릴 수 없는 사람이다. 나조차 살리기가 어려우니까.

음원을 제작할 때 마지막 부분의 괴성 파트를 무척 긴 시간 고민했다. 사실 어느 정도로 끔찍한 소리를 만들고 싶었냐면 모두가 한 번에 죽임당하는 학살, 대재난, 몰살의 소리를 담고 싶었다. 그만큼 이별이 끔찍하다는 것과 그 뒤에 등장할 감정들도 그렇다는 것을. 이별을 경험한 사람들은 이해하리라 생각했다. 트라우마가 떠올라 듣지 못하고 끌 정도로 강렬한 소리를 담고 싶었다. 합창단과 함께 녹음할 때 그렇게 부탁했다.

다시 만나고 싶은 사람을 만나지 못하는 경험은 정

말 끔찍하다. 다시는 겪고 싶지 않은데 앞으로도 겪을 일이라서 정말 무섭다. 그런데 나는 너무 보고 싶은 모든 사람을 만날 기력도 없고, 너무 약하게 태어났다……. 글을 쓰고 피곤해서 어쩔 줄 모르고. 노래해도 피곤해서 어쩔 줄 모르고. 그냥 매일 피로감에 어쩔 줄 몰라 하면서 보낸다. 내가 제일 자주 만나는 사람들은 의사다. 링거를 너무 자주 맞아서 병원 간호사들이 "단골 오셨네~"라고 할 정도다. 양옆에 할머니들과 누워서 수액을 맞는다. 나는 할머니들과 비슷한 체력으로 살아가고 있다. 살려놓기가 너무 어려운 몸뚱이다.

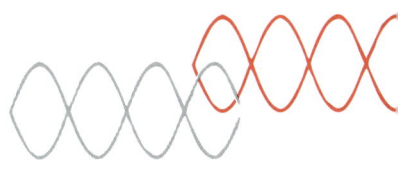

> ㊂ 이 노래를 너무나 많은 사람이 '환란의 시대'라고 불러서 속상하다.

04.

환란의 세대

또 사람 죽는 것처럼 울었지
인천공항에서도 나리타공항에서도
울지 말자고 서로 힘내서 약속해놓고
돌아오며 내내
언제 또 만날까
아무런 약속도 되어 있지 않고
어쩌면 오늘 이후로 다시 만날 리 없는
귀한 내 친구들아
동시에 다 죽어버리자
그 시간이 찾아오기 전에
먼저 선수 쳐버리자

내 시간이 지나가네
그 시간이 가는 것처럼
이 세대도 지나가네
모든 것이 지난 후에
그제서야 넌 화를 내겠니
모든 것이 지난 후에
그제서야 넌 슬피 울겠니

우리가 먼저 죽게 되면

일도 안 해도 되고

돈도 없어도 되고

울지 않아도 되고

헤어지지 않아도 되고

만나지 않아도 되고

편지도 안 써도 되고

메일도 안 보내도 되고

메일도 안 읽어도 되고

목도 안 메도 되고

불에 안 타도 되고

물에 안 빠져도 되고

손목도 안 그어도 되고

약도 한꺼번에 엄청 많이 안 먹어도 되고

한꺼번에 싹 다 가버리는 멸망일 테니까

아 아아아 아아아 아아 너무 좋다

아 아아아 아아아 아아 깔끔하다 ♯

이 빵밖에 없었어
05. 빵을 먹었어

나는 20년 차 알레르기성 비염 환자로 사계절 내내 콧물을 흘리고 재채기를 한다. 사스, 코로나가 유행일 때도 그렇고 감염병에 예민한 시기엔 밖에서 재채기가 나올 때마다 저절로 눈치를 보게 된다. 시도 때도 없이 터져 나오는 재채기를 맘대로 제어할 수도 없는데, 사람들이 나를 힐끔거리며 피해 가면 나 자신이 바이러스가 된 기분이 든다. 그래서 이동할 때는 되도록 자전거를 탄다. 재채기 소리에 흠칫 놀라는 행인들 시야에서 그나마 빨리 사라질 수 있기 때문이다.

오늘도 재채기 덕분에(?) 아침 일찍 일어나 작업실로 출근하기 전 60번 정도 더 재채기를 했다. 눈이 간지러워 한쪽 눈을 찡그린 채 자전거를 타고 나섰다. 작업실에 가는 길에 가장 많이 볼 수 있는 풍경은 공사 중인 카페들이다. 카페 옆 카페, 카페 앞 카페. 내가 살고 있는 망원동엔 이미 카페가 차고 넘치지만 그럼에도 또 새로운 카페가 공사 중이다. 엄청난 수의 카페들을 지나다 그중 한 군데에 들러 샌드위치를 사고, 또 다른 곳에 들러 커피를 산다.(커피 맛집, 빵 맛집을 구분해서 철저하게!) 좋아하던 백반집과 쌈밥집은 몇 년 사이 다 사라져버렸다. 십분 정도 자전거를 타고 달리며 오늘의 운세를 점쳐본다. 매일 다니는 똑같은 길이지만 어떤 날은 공기처럼 바람처럼 유연하게 행인들 사이를 지나친다. 또 어떤 날은 몇 번이나 급브레이크를 밟으며 행인들과 부딪칠 뻔하고. 그런 날엔 유난히 흐트러진 행인들이 많은 날인지 아니면 내 주의력이 흐트러져 있는지 곰곰이 생각해본다. 오늘이 대체공휴일일 수도, 그냥 공휴일일 수도 있지만 평일과 주말이 크게 다르지 않은 프리랜서인 나는 거리를 걷는 행인들의 수와 분위기를 통해 오늘이 어떤 날인지 추측하곤 한다. 반대로 바람처럼 유연하게 달리는 날엔 나는 이 도시에서 어떤 요소일까 문득 궁금해진다. 집에서 나와 복잡하고 번잡한 거리의 그 어떤 요소에도 영향을 미치지 않고 무사히 작업실에 도착하고 나면, 기분이 좋은 게 아니라 이대로 사라지고 싶다는 생각이 든다. 나라는 사람이 저기서 여기까지 이동하는 동안 도시는 그대로 번잡하고 아무것도 변한 것은 없으니 나라는 요소는 이 도시에 있어도 없어도 그만이지 않을까 하는 생각이 드는 것이다. 이런 생각을 하는 사람이 나 말고도 있는지 항상 궁금했다. 사람은 물론이거니와 사물들도 가끔 이런 생각을 하지 않을까 궁금했다. 좀 전에 빵집에서 사 온 빵이 내가 이동하는 사이 어딘가로 사라지지 않

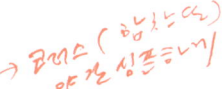

오늘 본 것 중에 가장 좋은 것이 D (DRUM)
좋다고 말할만한 것이 E
(CELLO) 이 빵밖에 없어서 A 이쁘도없어 없어 ㅅㄱㅅㄴ
스타르 빵을 먹었어 A

앉을까 생각하며 빵 봉투를 열면 빵은 언제나 그 안에 있었다. 어째서 그 사이 사라지지 않고 여기 그대로 있는 걸까. 이 빵은 사라지고 싶다는 생각을 해본 적 없을까.

〈빵을 먹었어〉라는 곡은 화가인 친구가 그린 빵 그림을 보고 만들기 시작했다. 눈 덮인 아이슬란드에 머물며 풍경화를 그리던 친구가 서울로 돌아와 돌연 빵을 잔뜩 그리고 있기에 왜 요즘엔 빵만 그리냐고 물어본 적이 있다. 혹시 나처럼 먹고 남긴 빵이 사라지지 않고 그대로 있는 게 신기해서 빵을 그리게 된 것이 아닐까 생각했다. 하지만 친구는 밖에 나가기 춥기도 하고 오늘 본 것 중에 가장 예쁜 것이라 빵을 그렸다고 대답했다. 생각보다 간단한 대답이었지만 "오늘 본 것 중에 가장 예쁜 것"이라는 말이 마음에 깊게 와닿았다.

오늘 내가 본 것 중에 가장 좋은 것이 무엇이었을까. 바람처럼 달려 작업실에 도착해 그대로 사라지고 싶은 마음을 붙잡고 거울을 보면서 생각했다. 오늘 본 것 중에 가장 좋은 것이 이 빵이 아니라 나 자신이라면 얼마나 좋을까. 내가 오랫동안 겪고 있는 우울감이 가장 무겁게 다가올 때는 내가 여기 살아 있다는 것을 그 누구도 모를 것이라는 생각에 잠식될 때였다. "내가 여기 있다!"고 창문을 열고 외치고 싶은 날도 있었다. 사라지고 싶은 마음을 붙잡고 오늘을 살아내기 위해, 빵집에서 작업실 책상까지 그대로 따라온 빵을 오랫동안 바라보고 있다. 너도 사라지지 않았으니 나도 오늘 사라지지 않겠다고 다짐한다.

> ※ [여담] 빵을 그린 화가 친구는 내가 만든 곡 〈빵을 먹었어〉가 너무 슬퍼서 충격을 받은 모양이었다. 곡을 듣고 장문의 편지를 보내왔다. 혹시 자기 얘기가 너무 슬프게 들렸었는지, 말실수를 한 건 아닌지 걱정된다는 내용이었다. 빵으로 슬프게 할 의도는 없었다며······ 그냥 밖이 추워서 빵을 그렸다며. 나는 노래가 슬프게 된 것은 다 내 탓이니 걱정하지 말라고 답장했다.

05.
빵을 먹었어

빵을 먹었어
빵을 먹고 빵을 남겼어
남긴 빵을 그려보았어
그린 빵을 보고 앉아서

이것밖에 없었어
오늘 본 것 중에 가장 좋은 것이
좋다고 말할 만한 것이
이 빵밖에 없어서

이 빵밖에 없어서
이 빵밖에 없어서
이 빵밖에 없어서
이 빵밖에 없어서

빵을 먹었어
빵을 먹고 빵을 그렸어
그린 빵을 걸어놓았어
빵을 보러 모두들 찾아와서
빵을 보며 이야기했어

빵을 보고 모두들 돌아갔어

빵은 얼마인가에 팔렸어

돌아오는 길

유난히 시끄러웠던

싸움이 잦은 길을 지나

몇 개인가의 빵집을 지나다가

그중 여섯 번째 집에서

빵을 사고 빵을 골랐어

사 온 빵을 꺼내보았어

빵은 그대로 거기에 있었어 #

까무룩 하다 으앙 하고 우는
06. 의식적으로 잠을 자야겠다

친구와, 친구의 아기와 나 이렇게 셋이 카페에 간 적이 있다. 완전 영유아였던 아기는 작은 의자에 앉아 잠투정을 했다. 잠이 오는지 까무룩 하다 으앙 하고 울었다. 친구는 아기가 왜 그러는지 내게 설명해주었다. 아기들은 잠이 드는 기분이 너무 낯설고 무서워서, 잠이 들려고 하면 까무룩 하다 으앙 하고 운다고. 그걸 여러 번 반복하다 보면 잠드는 느낌에 익숙해져서 잠투정이 점점 사라진다고.

나는 아기도 아닌데 잠드는 게 왜 여전히 낯선 걸까. 지친 몸과 달리 또랑또랑한 정신으로 침대에 누워 매일 생각했다.

잠드는 게 어떤 거였더라.

의식이 아득해지는 기분이 들면 '아, 이건가?' 생각했다. 그러면 곧바로 그 기분이 사라졌다. 어…… 어떡하지, 이거였던 것 같은데 놓친 건가. 다시 그 기분이 찾아오기를 기다려도 여간 찾아오지 않았다. 오랫동안 잠들지 못하면 몸이 이상해진다. 우선 관절 여기저기가 쑤시고 저리다. 혓바늘이 오소소 돋아나 입안이 아프다. 그렇다고 일어나 움직일 기력은 없다. 그냥 누워만 있는 것이다. 나처럼 이런 시간을 보내고 있는 사람들이 얼마나 많이 있을까. 왜 어떤 사람들은 눕자마자 잠이 드는 걸까.

까무룩 하다 으앙 하고 우는 친구의 아기를 떠올렸다. 그 아기는 이제 잠자는 데 익숙해졌을까. 불면증 때문에 수면제를 자주 먹었고, 정신과 상담에서도 그 어려움에 대해 많이 이야기했다. 어느 상담 선생은 내게 이렇게 말했다. "잠을 아예 안 자고 살아도 된다고 생각하면서 살아보세요." 그 말처럼 화가 나는 말이 없었다. 잠이 오지 않는 밤에 내가 얼마나 처절한 고통 속에서 시간을 보내는지 그 선생이 과연 상상이라도 할 수 있을까. 어떻게 저렇게 잔인한 말을 할까 싶었다. 아기들은 까무룩, 으앙이라도 하지, 나는 으앙 할 기력도 없었다. 움직이기도 어렵고 말하기도 어려운 상태로 끙끙 앓으며 누워 있었다. 그 시간이 아까웠지만 그 시간에 일어나 글을 쓰거나 노래를 만들거나 할 수도 없었다.*(아프니까)*

나의 오랜 불면증 친구는 드랙 아티스트 모지민이다. 약 없이 잠들 수 없는 우리는 자주 이 고통에 대해 이야기를 나눴다. 2017년, 통의동 보안여관에서 모어와 함께 〈신의 놀이〉 낭독 공연을 했다. 공연 전날 우리는 보안여관에서 하루 숙박을 했다. 다음 날 일찍 일어나 리허설을 하고 공연을 할 예정이었다. 그날 나는 수면제가 없어서 모어의 약을 빌려서 먹었다. 하지만 내가 간과한 것이 있었다. 나보다 더 오래 불면증을 겪어온 모어가 먹는 약이 엄청나게 세다는 것을 생각하지 못한 것이다. 모어의 수면제를 먹고 잠든 나는 다음 날 죽은 것처럼 일어나지 못했다. 리허설을 하기로 한 시간을 지나서도 깨어나지 못했다. 모어와 공연 스태프들이 연신 일어나라고 깨웠지만 정말 꼼짝할 수가 없었다. 아득한 정신으로 공연 몇 시간 전에 겨우 일어났지만 몸은 천근만근이었다. 모어의 수면제는 중력을 몇 배로 세게 만들어 나를 땅속으로 끌어당겼다. 공연을 앞두고서 정말 무서운 상황이었다…….

수면제를 먹으면 이렇게 다음 날 무거운 몸이 되기에 약 먹는 게 참 싫다. 하지만 약이 없으면 영원히 잠이 오지 않고, 쌩으로 잠드는 방법은 갈수록 더 기억나지 않는다.

"의식적으로 잠을 자려고 하면 되겠지."

불면증 동료들은 이 말이 얼마나 잔인한지 잘 알고 있었다. SNS에선 이 곡 제목을 언급하며 정말 무서운 곡이라고 이야기했다. 그런 반응을 보고 기뻤다. 이 말이 얼마나 잔인한지 알아주는 사람들이 있어서 좋았다. 하지만 다 필요 없고 모두 쉽게 잠들 수 있기를 바랐다.

특히 나 말이야…….

의식적으로 잠을 자야겠다

잠 못 드는 사람들이 얼마나 많을까
잠 못 드는 사람들이 얼마나 많을까
머리만 대면 잠이 드는 사람들도 있다는데
침대도 크고 베개도 크고 이불도 크고
안고 베고 잘 수 있는 인형들도 나는 많은데
랑이야 몇 년째 이러고 있니

까무러칠 때까지 영화를 보고
본 영화를 보고 본 영화를 보고
영화가 없을 때 내가 어떻게 잠을 잤지
사람 영화, 사랑 영화
나는 사랑 노래를 만들 수 있을까
내가 하는 말은 다 죽어버리자, 죽어버리자
멸망해버리자 하는 그런 것들뿐인데
이게 사랑 노래라는 걸 내 친구들은 알겠지

우리는 죽고 싶은 걸까
아니면 살고 싶은 걸까
아이고 모르겠다
그냥 잠만 좀 편하게 들면 좋겠다

매일 밤 자는 게 왜 이리 전쟁일까

잠이 오지 않는 이유는 무엇일까

아이고 모르겠다

그냥 잠만 좀 편하게 들면 좋겠다

아이고 졸립다 이제는 잠을 자야겠다

아이고 졸립다 이제는 잠을 자야겠다

잠을 못 잔 지도 너무 오래됐다

잠이 오지 않는 이유는 모르겠다

모두들 어떻게 잠이 들까

아마 나처럼 그냥 울고 있을까

모두들 어떻게 잠이 들까

아마 나처럼 그냥 울고 있겠지

내 친구들은 모두 잠이 들었을까

아니면

의식적으로 잠을 자려고 하면 되겠지

의식적으로 잠을 자려고 하면 되겠지

의식적으로 잠을 자려고 하면 되겠지

의식적으로 잠을 자려고 하면 되겠지

의식적으로 의식적으로 의식적으로 의식적으로…… ♯

일하면서 사랑을 찾는 수밖에
07. 그 아무런 길

이 책에 '일하며 사는 나의 삶'에 대해 이미 너무 많이 쓴 거 같지만, 어쩔 수가 없다. 그렇게밖에 안 살아봤으니까. 나는 일찍 집을 나와 십 대 때부터 죽도록 일하며 살았고, 그래서 죽을 뻔하기도 했고, 몇 가지 병을 안고 현재도 *(건강 이슈로 죽도록까지는 아니지만)* 많은 일을 하며 살고 있다. 그러다 보니 누군가를 일터에서 만나 좋아하게 되고, 하지만 일을 더 해야 되니까 만날 시간이 없고, 좋아하는 마음만 안고 일하면서 괴로워하는 경험도 많이 했다.(「이제 일본어를 말할 수 있지만」 꼭지를 읽으면 알 수 있다)

〈그 아무런 길〉이라는 노래도 그런 경험 속에서 쓰게 된 곡이다. 일터에서 좋아하는 사람이 생겨도, 또 일을 같이할 기회가 없으면 다시 만나기가 어렵고, 일부러 일을 만들어서라도 만나면 좋겠지만 그런 경우는 잘 생기지 않았다. 예를 들어 좋아하는 감정이 생긴 사람과 일터에 함께 있다고 해도, 이미 일터에는 적으면 열 명 이 내, 많으면 수십 명의 사람들이 함께 있기 때문에 그 안에서 그에게 다가가 따로 말을 걸거나 일이 끝난 뒤에 같이 얘기 좀 하자고 할 여유도 없다. 그냥 같은 공간에 있다는 것을 '괴로워하며 흘끔흘끔 보면서 그걸 즐기는' 수밖에 없다. 대부분 한국 사람들은 과도하게 일하며 살아간다. 과도하게 일하지 않으면 안 되는 것처럼 살아간다. '이만큼 일하고 있다'는 걸 보여주는 게 당연하다는 듯 살아간다. "나는 이만큼 쉬고 있지롱~" 하는 사람은 별로 보지 못했다.*(언젠가 그렇게 살아보고 싶다 ㅠㅠ)*

십 대 때부터 지금까지 나는 '일하는 능력이 뛰어난' 사람에게 끌렸다.*(예외도 가끔 있지만)* 이렇게 대놓고 공개적으로 말하는 게 좀 부끄럽지만, 나는 효율적으로 일하는 걸 좋아한다. 이 말을 하는 게 왜 부끄럽냐면, 효율을 따진다는 건 곧 능력에 따라 어떤 사람은 배제하고 일하게 된다는 뜻이기 때문이다. 나는 내 성향을 알기 때문에 되도록 능력주의에 빠지지 않으려고 주의한다. 능력을 기준으로 사람을 고르고 내치지 않으려고 하고, 인연을 맺은 상대와 되도록 오랫동안 서로를 배려하고 도우면서 살기 위해 '의식적으로' 노력한다. 그럼에도 불구하고 연인으로 사귀고 싶고 끌리게 되는 사람은 대체로 누구보다 효율적으로 일하는 뛰어난 능력의 사람이었다. 그런 사람들은 역시 언제나 바쁘게 일하고 많은 사람과 일할 수 밖에 없었다. 나도 그런 사람이라서 그런 사람들끼리 만나는 건 참 여러모로 어려웠다. 그렇다고 매번 같이 움직이는 공연자나 관계자들과 연인이 되는 일은 별로 없었다. 너무 자주 같이 일하다 보면 친척 같은 관계가 되기 때문인 것 같다. 이십 대 때는 밴드 내에서 연인 관계가 생기기도 했지만 연인 관계에 갈등이 생기면 일적으로도 꼬이는 일이 많아서 사내 연애는 지양해야 한다는 것만 배웠다.

요약하자면: 자주 같이 일하지는 않지만, 가끔 일터에서 만날 일은 있는, 그때마다 현장에서 뛰어난 능력을 발휘하는 사람에게 끌리는 것 같다.

결론적으로는: 그렇게 끌리게 된, 나처럼 뒤지게 바쁜 사람과 서로 짬을 내서 아무런 길을 잠깐 손잡고 걸으며 이런저런 얘기를 나누는 게 언제나 내 희망 사항이었다. 그러다가 서로 마음을 확인하고 연인이 되면 좋겠다고 생각하면서.

지금 만나는 사람은 그런 과정을 거쳐 연인이 된 사람이다. 그와 만나기 위해 엑셀에다가 서로의 스케줄을 정리해가며 그 와중에 데이트할 시간을 잡느라 고생했다. 작년부터 같이 살기 시작했는데, 서로의 일이 끝나고

함께 있을 수 있는 시간이 대체로 새벽 두 시 이후부터 다음 날 일하러 나가기 전까지 잠자는 시간 정도밖에 없다. 그래도 끌리는 사람과 바쁜 와중에 잠이라도 같이 잘 수 있어서 정말 좋다.

모든 것이 다 잘될 것 같다
그럴 것 같다.

07.

그 아무런 길

왜 사람들은 일찍 돌아가지 않는지

왜 모든 사람들이 나와 있고 싶어 하는지

왜 나는 거절하지 못하고 일을 벌리는지

결국 내가 원하는 건 이루지도 못하고

왜 모든 일이 끝나도 우리는 함께가 아닌 건지

왜 내 방과 니 방은 따로 떨어져 있는지

너랑 나랑의 거리는 왜 그대로 인지

왜 여전히 그대로인지

왜 그대로인지 왜 그대로인지

왜 그대로인지 왜 그대로인지

왜 사람들은 일찍 돌아가지 않는지

왜 모든 사람들이 너와 있고 싶어하는지

왜 너는 거절하지 못하고 그저 웃어주는지

결국 니가 원하는 건 이루지도 못하고

너와 함께 걷던 그 아무런 길을

너와 함께 걷던 그 아무런 길을

걷고 싶다

걷고 싶다

04:45

하나 둘 셋 넷

둘 둘 셋 넷

하나 둘 셋 넷

둘 둘 셋 넷

Один Два Три Четыре

Два Два Три Четыре

Один Два Три Четыре

Два Два Три Четыре 🎵

저는 당신을 위한 노래를 만들 수 없어요
08. 박강아름

자전적 다큐멘터리의 거장 '박강아름' 감독의 영화 〈가장무도회〉에 내 노래가 사용된 것을 계기로, 그의 두 번째 영화 〈박강아름 결혼하다〉에서는 무려 음악감독을 맡게 되는 일이 생겼다. 전작을 봤을 때도 감독의 자기 탐구 과정의 그 대담함과 독창성에 너무 감명이 깊었기에 그 이후의 삶도 무척 궁금하던 터였다. 영화가 완성되기 전 푸티지footage를 보면서 곡 작업을 했기 때문에, 완성된 영화에 나오지 않은 장면들을 엄청 많이 볼 수 있었던 것도 재미난 과정 중 일부였다. 박강아름은 카메라 앞에서 '아무것도 꾸미지 않고' 자신의 장단점을 과감하게 드러냈다.*(물론 편집 과정에서 내가 봤던 엄청난 몇몇 장면은 탈락되었지만)*

자기애와 자기 탐구심이 무척 강한 감독은 내게 곡 작업을 부탁하며 "저를 주인공으로 노래를 만들어주세요"라고 했지만, 영상 푸티지를 보면 볼수록 심란해졌다.

'내가 이 사람을 위한 노래를 만들 수 있을까?'

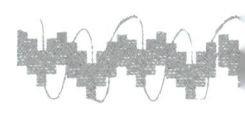

영성닌 이야기의 흐름들이 좋아
내가 살고싶어.

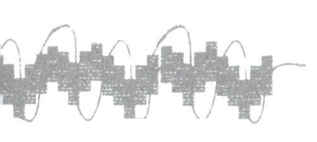

영성닌 이야기.
과학적인, 사회적인 이야기,
STORY 를 만들 수 있는
사랑들 속에,

따르고 싶은 이야기를
찾아가는 흐름들 속에,
가만히 서 있고 싶다.

그의 못된 모습과 잘난 모습과 다정한 모습과 무례한 모습과 이기적인 모습. 너무 많은 정보를 알게 될수록 내가 과연 이 사람을 한 곡에 담을 수 있을지 모르겠다는 생각만 커졌다. 처음 일을 시작할 때는 호기롭게 "네! 제가 박강아름을 위한 노래를 만들겠어요!"라고 장담했는데. 시간이 가면 갈수록 자신이 없어지던 어느 날, 나는 프랑스에 사는 박강아름 감독에게 긴급 상담을 요청했다.

"감독님, 저는 감독님을 위한 노래를 못 만들 것 같아요."
"하하하, 괜찮아요!"
"대신 감독님이 왜 그러는지 질문은 할 수 있어요."
"네, 그것도 좋아요."

박강아름 감독은 자기를 사랑해서 자기를 찍는 사람이 아니라, 자기를 알고 싶어서 영화를 만드는 사람이다. 자기를 카메라에 담고 그것을 통해 자신도 몰랐던 모습을 알게 되는 것이 힘들지만, 궁극적으로는 너무 재미있어서 멈추지 않는 사람이다. 그 끈기 있는 작업 과정을 단지 자기애로 생각했던 내 생각이 부끄러웠다. 그날 그 통화를 마치고 나서 나는 자신에 대한 탐구와 기록, 그리고 질문을 멈추지 않는 박강아름을 통해 모두가 자신에게 되물을 수 있는 질문을 만들었다.

'나는 어떤 사람일까. 나는 어떻게 살고 있을까.'

영화에 들어가는 곡 제목을 '박강아름은 어떤 사람일까'라고 지었지만, 정규 3집 앨범에 수록할 때는 '박강아름'이라고 변경했다. 그것을 사람 이름이라고 생각하지 못하는 사람이 있을 것 같았고, 특히 해외 리스너들이 그럴 것 같았다. 박강아름이 사람 이름인지 암호인지 대체 뭔지도 모르고 한참을 "박강아름은 어떤 사람일까 어떻게 살고 있을까"라는 구절을 반복해서 듣다가, 문득 이 글자를 검색해봐서 실제 존재하는 자전적 다큐멘터리의 거장 박강아름 감독을 발견하는 재미를 주고 싶었다. 박강아름 감독은 언제까지 해외에 있을까. 대한민국이 이 거장을 담기에 부족한 환경이라는 점은 잘 알고 있지만 그가 부디 나와 가까운 곳에서 또 명작을 만들어주면 좋겠다.

08.

박강아름

자 이제 내가 너의 하루를 얘기해볼게
너는 매일 아침 누군가를 재촉하며 일어나지
빨리빨리 늦는단 말이야 늦으면 어떡할 거야
재촉하는 너의 입에는 항상 뭔가가 들어 있어
그걸 오물오물 씹으면서 내게 첫말을 걸지
아 짜증나
너는 그 말을 몇 번이고 뱉으며 학교에 갈 준비를 해
왜 어떤 사람들은 우리가 지겹도록 다닌 그 학교라는
이름의 공간에 서른 살 마흔 살이 되어도 계속
계속 다니려는 걸까
너는 언제나 어딘가로 뛰어가고 있어
그 모든 게 너에게는 버거운 일이면서도
너의 삶도 너의 학교도 너의 결혼도 너의 아이도
너의 영화도 그런데도 너는 뛰어가고 있어
그렇지 않으면 그렇지 않으면
그렇지 않으면 그렇지 않으면

나는 오늘도 너와 함께 박강아름에 대해 생각해
이젠 네가 내 얘기를 대신 해볼래
내 하루를 상상해볼래 어때 해볼 수 있겠니

우리의 대화의 주제는 언제나 박강아름이었으니까

박강아름은 어떤 사람일까 어떻게 살고 있을까

박강아름은 앞으로 어떤 삶을 살아가게 될까

박강아름은 어떤 사람일까 어떻게 살고 있을까

박강아름은 앞으로 어떤 삶을 살아가게 될까

죽기 전에는 말하고 말 것이다

09. 어떤 이름을 가졌던 사람의 하루를 상상해본다

"이건 나밖에 말할 수 없어요"라는 문장을 처음부터 끝까지 수십 번 반복하는 곡 스케치를 오랫동안 가지고만 있었다. 앞뒤로 붙일 말들이 떠오르지 않아 몇 년 동안 한 문장만으로 흥얼대며 부르던 이 곡을 3집을 만들며 가사를 붙이게 됐다.

정조의 어머니이자 사도세자의 비妃였던 혜경궁 홍씨惠慶宮 洪氏, 1735~1815의 자전적 회고록인 『한중록』을 매개로 한 〈내 나니 여자라,〉 전시가 열리는 수원시립미술관에 갔던 2020년 어느 날이다. 나는 전시 연계 프로그램인 생방송 비대면 콘서트에 출연 예정이었고, 코로나로 인해 전시장에는 공연 스태프와 미술관 관계자들만 드나들 수 있었다. 리허설을 마치고 본 공연이 시작되기 전까지 관객 없는 미술관을 돌아다니며 느긋하게 전시를 구경했다.

I. 내 나니 여자라

II. 피를 울어 이리 기록하나
III. 나 아니면 또 누가

이렇게 총 3부로 구성된 전시를 보던 중 3부 전시장 입구에 커다랗게 걸린 이 문장을 보았다. "나 아니면 누가 이 일을 자세히 알며, 나 아니면 또 누가 이 말을 능히 하리오."

이 문장 앞에서 걸음이 딱 멈췄다.

이 한 문장에서 멈춰 있던 곡의 가사를 드디어 완성할 수 있겠다는 생각이 들었다. 한중록의 문장을 되새기며 우리나라 최초의 여성 서양화가인 나혜석의 작품들을 둘러보았다. 그중 악기 가방을 들고 걸어가는 한 여성과, 두루마기를 걸치고 그를 손가락질하는 남성들이 그려진 그림이 눈에 띄었다. 그날 공연하러 커다란 기타 가방을 들고 걸어온 내 모습과 별반 다르지 않아서 더 자세히 보게 된 것 같다. 작품 제목은 '저것이 무엇인고'였는데, 그림 속에서 뒷짐을 지고 고개를 추켜세운 채 여성을 손가락질하는 남성들과 달리 양금(*바이올린*) 가방을 든 여성은 살짝 고개를 숙인 채 걷고 있었다. 자기에게 쏟아지는 시선과 말들을 어떤 기분으로 듣고 있었을지 상상할 수 있었다.

영화과 학생 시절, 실기 과제 때문에 카메라를 들고 다닐 일이 많았다. 당시 학교에서 빌려주던 카메라는 6mm 방송용 디지털 캠코더였다. 카메라 자체는 그렇게 무겁진 않았지만 철제로 된 하드 케이스가 꽤 크고 무거웠다. 하루는 종로에 영화를 보러 가는 길에 틈틈이 과제로 쓸 풍경을 찍으며 걷고 있었다. 사람이 많은 대로변을 걷다 한 남성과 살짝 부딪쳤다. 카메라 가방이 내 몸 바깥쪽으로 튀어나와 부딪친 모양이었다. 죄송합니다, 고개를 숙이고 가방을 몸쪽으로 끌어당겼다. 그리고 걸음을 옮겨 목적지인 피카디리 극장에 도착해 지하로 내려가는 에스컬레이터를 탔다. 종로 귀금속 상가 지하에 있는 피카디리 극장은 독립영화를 보러 자주 가던 곳이다. 여느 때와 다름없이 한적하고 조용한 극장 에스컬레이터를 타고 내려가던 중, 갑자기 억 소리가 나도록 누군가 뒤에서 나를 세게 밀쳤다. 몸이 앞으로 고꾸라지려고 해서 깜짝 놀라 난간을 잡고 뒤를 돌아보니 아까 길에서 부딪쳤던 남자가 서 있었다. 그는 내 얼굴에 대고 "왜 사람을 치고 다녀!" 하고 크게 소리를 지르더니 빠른 걸음으로 앞서 내려가버렸다. 아까 가방과 부딪친 것에 분풀이를 하려고 한참 전부터 뒤를 따라온 모양이었다. 일부러 한적하고 위험한 곳을 노렸는지는 모르겠지만, 주변에 아무도 없어서 도움을 청할 수도 없었다. 잠깐 일어난 사건이었지만, 이후 혼자 카메라 가방을 메고 사람이 많은 곳에 가는 게 두려웠다. 되도록 카메라 본체만 배낭에 넣거나 손에 들고 나가야겠다고 생각했지만 그러다 카메라가 손상될 수 있으니 그것도 걱정이었다.

커다란 카메라 가방은 물론이고 악기 케이스를 들고 사람 많은 곳에 가는 것도 너무 무섭다. 공연 때문에 일본 출장을 마흔 번 넘게 다녔는데 저가 항공, 버스, 지하철로 혼자 이동할 때 배낭, 기타 케이스, 트렁크를 들고 다닐 때마다 고역이었다. 일본에 가면 나는 몸 앞쪽으로 배낭을, 등에는 기타 케이스를 메고 트렁크를 끌며 이동한다. 국내에서 들고 다니는 가벼운 기타 케이스와 달리 하드 케이스는 죽을 정도로 무겁다.(*무거워서 길에 버리고 싶은 적이 너무 많다*) 이 짐들의 무게 때문에 허리디스크가 악화돼 2018년부터 지금까지 계속 재활 치료를 받고 있다. 도쿄 출퇴근 시간 전철은 '푸시맨'이라는 직업이 따로 있을 정도로 만원이다.(*만원이라는 말로 다 표현하기 부족하다*) 그 시간에 나같이 짐이 많은 사람이나 유아차, 휠체어가 등장하면 전철 내에서 쯧쯧거리는 소리와 눈초리가 쏟아진다. 이렇게 평균 사이즈의, 걷고 뛸 수 있는 몸만을 위한 도시 설계를 경험하면 피눈물이 난다.(*서울은 말할 것도 없다*)

무겁고 큰 걸 들고 다니지 않을 때도 무섭다. 동네 산책을 하던 중 이유도 없이 모텔에 같이 가고 싶다며 집

> 몸이 저린 증상 —
> 이가 시리고 —
> 턱이 아프고 —
> 숨쉬기 어렵고 —
> 큰 소리에 깜짝 놀라고 —

PTSD가 만든 이야기들.
완전 누르고, 지우고 있던
이야기들.

요하게 따라붙는 남성을 만나기도 했다. 비슷한 경험이 늘어나서 이십 대 초반부터 밤 산책을 즐기지 못하게 되었다. 밤에 음악을 들으며 걷는 것은 절대 할 수 없는 일이다. 누군가에게 공격받기 쉬운 모습이지 않기 위해 어두운 시간에 집에 갈 때는 보폭을 크게 하고 손에는 여차하면 무기로 쓸 아이폰을 꼭 쥐고 걷는다.*(아이폰 전원 버튼을 빠르게 여러 번 누르면 긴급구조요청 버튼이 나온다)*

    2015년, 가까운 관계의 남성에게 신체/언어 폭력을 경험한 일은 여전히 제대로 말하기 어렵다. 언젠가부터 중요한 일이 아니면 되도록 밖에 나가지 않게 됐고 밖에 나갈 땐 택시로 이동했다. 공연장, 전시장, 파티 심지어 결혼식장이나 장례식장에 가는 것도 그리 쉬운 일이 아니게 됐다. 2021년 12월에 사망한 언니의 차*(카키색 캐스퍼)*를 상속받은 뒤 운전 면허를 땄고 웬만한 일정은 다 자차로 이동하기 시작했다. 집과 작업실만 오가며 말과 행동도 계속 좁은 반경 안으로 사그라드는 것 같아 스스로가 싫어질 때도 있지만 트라우마를 자극하는 상황을 다시 혼자 마주하게 될까봐 겁이 난다. 나는 언젠가 그 감정을 정확하게 말할 수 있을까. 죽기 전에는 꼭 말하고 싶다. 아니, 말하고 말 것이다. 이건 나밖에 말할 수 없다.

09.

어떤 이름을 가졌던 사람의 하루를 상상해본다

어떤 이름을 가졌던 사람의 하루를 상상해본다
버려진 빈 병을 유난히 오랫동안 들여다보는 어떤 사람을
갑자기 터져 나오는 재채기를 참을 수 없어 찡그린 미간을
긴 코트에 무거운 모자를 쓰고 문을 나서는 신발의 무게를
사람들 사이사이에서 죽을 퍼 담는 떨리는 손을
손과 함께 떨리며 변하는 그릇의 무게를 상상해본다

빈 그릇을 들고 한 방향으로 걷다
맞은편에서 날아 들어오는 커다란 소리에 놀라
몸을 틀어 뛰기 시작하는
어떤 이름을 가졌던 사람의 어떤 하루를 상상해본다
미로처럼 복잡한 숲속으로
서슴없이 뛰어 들어가는 다급한 다리를
비탈 끝에서 속도를 늦추며
담배를 꺼내 무는 부르튼 입술을
파괴적인 소리에서 가장 멀리 떨어진 길을 찾아 돌아가려는
어떤 이름을 가졌던 사람의 어떤 혼잣말을 상상해본다

나 아니면 누가 이 일을 알까
나 아니면 누가 이를 말할 수 있을까

05:15

나 아니면 누가 이 일을 알까
나 아니면 누가 이를 말할 수 있을까

이건 나밖에 이건 나밖에 이건 나밖에 이건 나밖에
이건 나밖에 이건 나밖에 이건 나밖에
이건 나밖에 이건 나밖에 이건 나밖에 이건 나밖에
이건 나밖에 이건 나밖에 이건 나밖에
나밖에 ♯

의미가 있는 이야기는
듣고 또 들려주고 싶어요

4

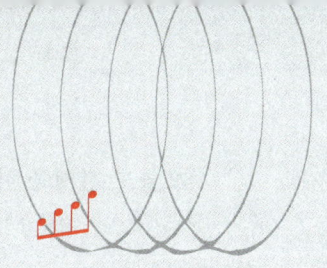

미수록 발표곡	
	◉ 임진강 03:24
	◉ 우리의 방 03:52
	◉ 삶과 잠과 언니와 나 03:56
	◉ 재규어 준이치 01:26
	◉ SHAME 03:46

그리고 이랑의 가사에게	
	◉ 이랑의 노래: 울리고 웃기고 성장하는 김윤하 대중음악평론가
	◉ 꼭 안아주고 싶은 김윤아 가수

오늘도 전쟁을 겪고 있다

임진강

나고야 아이치 트리엔날레에서 〈평화의 소녀상〉 전시가 중단되는 사건이 벌어진 2019년 가을, 나는 작은 지역 페스티벌에 공연으로 참가하기 위해 나고야에 체류 중이었다. 공연을 무사히 마치고 관계자들과 함께 간식사 자리에 근처 아이치 트리엔날레 행사 프로그램에 참여 중인 몇몇 작가들이 합석했다. 그중 댄서라고 자신을 소개한 한 작가가 "젊은 세대인 우리는 전쟁을 직접 겪지 않았고, 이미 다 지난 일이니 지금 우리가 할 수 있는 즐거운 일들을 찾자"며 말을 건네왔다. 아마 소녀상 전시가 중단된 일을 염두에 두고 한국인인 나에게 호의를 보이려고 한 말인 것 같았으나 "지난 일"과 "즐거운 일"이란 표현이 거슬렸다. 매주 수요일마다 일본대사관 앞에서 일본군 성노예제 문제 해결을 위한 집회가 열리고 있는데, 이런 상황을 "다 지난 일"이라고 말할 수 있겠냐고 그에게 물었다. 본인은 즐겁게 참여하고 있는 예술제에서 갑작스러운 전시 중단 통보를 받은 전시가 있다는 것에 대해서도 그 어떤 부당함도 느끼지 못하고 있는 걸까. "너만 즐거우면 다냐?"고 말이 나올 뻔했지만, 그건 참았다.

태어나서 지금까지 쭉 겪어온 한국 사회는 말할 것도 없고, 10년째 오가며 활동 중인 일본에서도 '좋게 좋게 넘어갑시다~' 하는 상황을 자주 맞닥뜨린다. 내가 유전적으로 화가 쉽게 나는 체질인지는 모르겠으나 그런 상황을 좋게 넘어갔던 적이 없다. 택시 운전사와 역 승무원과 친하지 않은 아티스트는 물론 친한 아티스트와도 언성을 높이는 일이 생겼다. 그때마다 외국어로 내 생각을 똑바로 전하는 게 쉽지 않았다. 일본이라는 나라에 무엇을 발언하러 온 것도 아니고 단지 노래를 하러 온 마당에 나는 어떤 태도로 이런 일들을 마주하는 게 좋은 건지 매번 고민이 된다.

2017년, 〈임진가와〉 전시를 준비하던 남화연 작가의 의뢰로 〈임진강〉이라는 노래를 처음 부르게 되었다. 〈임진강〉은 1957년에 만들어진 월북 시인 박세영 작사, 고종환 작곡의 노래로 1960년대 일본의 '더 포크 크루세이더스The Folk Crusaders'라는 밴드가 가사를 번안해 '이무진가와イムジン川'라는 곡으로 발표했다. 일본어 가사를 작사한 마츠야마 타케시는 쿄토의 조선학교에서 우연히 〈림진강〉 곡을 듣고 더 포크 크루세이더스에게 소개했다고 한다. 이 곡은 앨범으로 발매되기 전부터 무척 인기

　　　　　C　　　Am　　　　F　　　　C
임진강 맑은 물은 흘러흘러 내리고

　　　　C　　　　Am　　　　F　　　C
이무진가스나 미즈키에쿠 토우도우토 나가루

　　　　　Am　　　C　　　　Em　　　　C
토새들 자유로이 넘나들며 날건만

　　　Am　　　C　　　　Em　　　C
미즈토리 지-유우니 무라카가리 토비카우모

　　　　　Am　　　　C　　　Am　　G
　　내 고향 남쪽땅 가고파도 못가니

　　　Am　　　C　　　Am　　　G
오가나 소군쿠 미나미노치 오모이야 하-루-카-

를 끌었으나, 조총련과 남/북, 일본 국제 정세와 압력에 의해 오랫동안 일본 내 금지곡이 되었다가 2002년이 되어서야 싱글로 재발매됐다. 〈임진강〉은 국내에서도 한때 금지곡 처분을 받았었지만 2000년도부터 김연자, 양희은 등 여러 가수가 부르고 음반으로도 많이 발매되었다.

나는 2018년부터 일본 공연에서 〈임진강〉을 부르기 시작했고 이 노래를 들으러 공연에 찾아오는 관객이 점점 늘어났다. 만날 일이 많아지니 재일교포, 재일동포, 재일한국인, 재일조선인, 재일코리안 등 다양한 호칭으로 불리는 '일본 거주 한반도 출신' 사람들을 어떻게 부르는 것이 좋을지 고민이 됐다. 분단 이전에 존재했던 조선이라는 나라에서 이주한 뒤 현재도 조선 국적으로 살고 있는 사람, 대한민국남한 국적으로 바꾼 사람, 조선민주주의인민공화국북한 정체성을 갖고 있는 사람, 일본 국적을 취득한 사람 등 '재일'이라는 말 안에도 다양한 집단이 존재했다. 또한 재일 3세, 4세대에 이르며 더욱 다양한 국적과 집단과 문화가 발생하고 있으니 이를 간단히 하나의 호칭으로 정리하는 것은 무척 어려운 문제였다.*(이 호칭에 관한 사회학 논문도 있다)* 나는 재일조선인 2세인 사회학 선생님에게 어떤 호칭을 쓰는 것이 좋을지 조언을 구한 뒤 지금은 가장 넓은 의미로 쓰인다는 '재일코리안' 호칭을 쓰고 있다.

〈임진강〉 노래를 좋아하고 자주 부르긴 하나 여전히 많은 고민이 남아 있다. 공연 전 스스로 소개할 때 '조선에서 왔습니다 / 남한에서 왔습니다 / 한국, 대한민국에서 왔습니다' 중 무엇으로 말해야 좋을까. 나를 설명하는 데 이 선택지들만 있는 건 아니지만, 외국에서 다른 무엇보다 내 국적을 정확히 말하는 게 가장 중요한 순간들이 많았기 때문이다.(특히 입국 심사에서) 무엇을 기준으로 삼고 나를 소개해야 하는 걸까. 국적뿐만 아니라 너무나 많은 사람이 자신의 정체성을 어떻게 말할지 오늘도 고민 중일 텐데.

하루는 재일조선인 친구가 "한국 사람들은 자기 나라 이름은 한국/대한민국이라고 제대로 부르면서 정식 이름이 있는 조선민주주의인민공화국을 북한으로 부르는 것이 못마땅하다"고 말한 적이 있다. 평생 북한이라고 듣고 북한이라고 불렀기에 그 호칭의 불평등을 인지하지 못한 것에 부끄러움을 느꼈다. 뒤늦게 제대로 불러보려 했는데 너무 길어서 입에 안 붙었다. 어떻게 부르면 좋을지 재인조선인 친구들에게 물어보니 줄여서 '공화국' 혹은 영문 이름인 Democratic People's Republic of

Korea를 줄여 'DPRK'라고도 많이 부른다 했다.*(외우자!)*

    2023년 한국에서 개봉한 영화 〈오펜하이머〉를 본 뒤, 거기 나오는 인물들과 그 당시 세계 정세를 하나도 몰라서 한 번 보고 관련 다큐나 자료를 본 뒤에 다시 한 번 보았다. 그 뒤엔 갑자기 '역사를 알아야겠다!'는 열망이 뻗쳐서 EBS 한국전쟁 다큐 시리즈를 보기 시작했다. 나와 내 가족, 내 가족의 가족으로 이어지는 슬픔과 광기의 역사가 결국 한국전쟁과 함께 흐른다는 것을 알게 되고 큰 충격을 받았다.*(자세한 내용은 다른 출판사에서 발간할 '가족' 에세이에서 다룰 것이다)*

    어딘가에서 한 번이라도 일어난 전쟁은 영원히 모두에게 고통을 준다. 그 어떤 전쟁도 직접 겪어보지 않았다고 단언할 수 있는 사람은 없을 것이다.

임진강

イムジン河 水清く
とうとうと流る
水鳥自由に むらがり飛び交うよ
我が祖国 南の地
おもいははるか
イムジン河 水清く
とうとうと流る
北の大地から
南の空へ
飛びゆく鳥よ 自由の使者よ
だれが祖国を ふたつに
わけてしまったの
だれが祖国をわけてしまったの

임진강 맑은 물은 흘러흘러 내리고
물새들 자유로이 넘나들며 날건만
내 고향 남쪽 땅 가고파도 못 가니
임진강 흐름아 원한 싣고 흐르느냐

03:24

우리의 작고 시끄러운 방
우리의 방

버지니아 울프의 『자기만의 방』을 나 외의 모든 사람이 읽은 듯해서 언젠가 부채감으로 구입한 뒤, 책등만 바라보면서 몇 년 동안 꺼내보지 않았다. 그렇게 한동안 잊고 지내던 중 한 책방에서 『자기만의 방』에 대해 이야기하는 행사에 초대받았다. 일단 승낙한 다음 책장에서 부리나케 책을 찾아보았다.

"여성이 글을 쓸 수 있으려면 돈과 자기만의 방이 있어야 한다."

너무 유명한 문장 때문에 이미 읽은 것처럼 착각이 드는 이 책은 1928년 '여성과 픽션'이라는 주제로 케임브리지 내 여자대학인 거턴과 뉴넘 대학에서 강연한 내용을 발전시켜 완성된 것이다. 강연문에 기초한 특유의 본문 말투가 낯설었지만 익숙해지니 점점 작가 본인의 목소리가 들리는 것처럼 친근하게 느껴졌다. '자기만의 방=작업 공간'을 갖지 못한 여성 작가들이 가사 노동과 육

아 등으로 집중할 수 없는 환경 속에서 어떻게 픽션을 완성했는지, 그렇게 완성된 픽션에서 '집중이 깨진' 흔적을 얼마나 흔하게 발견할 수 있는지 짚어낸 부분을 흥미롭게 읽었다. 창조에 알맞은 심적 상태를 갖지 못한, 재능이 많은 여성이 느꼈을 분노에 공감할 수 있었다.

돈과 자기만의 방을 주제로 내 개인적인 기억과 경험을 되짚어나가다 스물여덟 즈음에 쓴 일기에서 "이렇게 좋은 집에 살아도 될까"라는 문장을 발견했다. 망원동에 방 세 개짜리 다세대 주택을 월세 사십오만 원에 빌려 룸메이트 두 명과 함께 이사를 막 끝내고 쓴 글이었다. 열일곱에 집을 나온 뒤, 무료 혹은 어떻게든 저렴한 공간들을 거쳐 열 번째로 구한 집이었다. 그동안 옮겨 다닌 열 군데의 집 가운데 가장 집처럼 생긴 집이었다. 안타깝게도 2년의 계약 기간이 끝나기 전 집주인이 매매로 내놓는 바람에 오래 살지는 못했다. 하지만 그때 처음으로 집이 주는 안정감을 느끼고 참 행복했었다. 각 십오만 원씩 월세를 부담하던 두 친구 중 한 명은 직장에 가고, 나머지 한 명이 학교에 가고 나면 나랑 준이치는 오롯이 집의 고요함을 즐겼다. 내 방은 책상과 매트리스, 거울과 옷걸이를 둘 공간이 있었다. 다리가 접히는 (학교 축제 때 훔쳐 온) 플라스틱 이케아 책상에 앉아 《신의 놀이》 앨범에 실을 많은 노래를 만들고 녹음했다. 가끔 밤중에 소리 높여 노래를 부르면 이웃집에서 "작작 좀 해라!" 하고 소리를 질렀다. 에어컨 없는 방에서 한여름에 창문을 꽁꽁 닫고 땀을 내며 노래를 불렀지만, 사람 셋과 고양이 셋이 함께 살던 그 집의 기억들은 유난히 좋다.

그 집에 살던 즈음부터 일본 활동이 잦아지기 시작했는데 노래하기 위해 외국을 다닌 경험은 좋다, 나쁘다가 아니라 신선했다. 버지니아 울프가 『제인 에어』 작가인 샬롯 브론테에 대해 쓰며 "그녀에게 활기로 가득찬 분주한 세상과 도시와 지역에 대해 더 많은 지식이 있었다면, 그녀에게 경험과 교류와 여행이 허락되었다면 얼마나 막대한 이익이 되었을지" 안타까워한 부분을 마침 일본으로 향하는 비행기 안에서 읽었다. 비행기에서 내려 몇 번의 공연을 위해 지역을 이동하는 틈틈이 식당이나 호텔에서 가사를 쓰기 시작했다. 가사에 '돈'이라는 단어를 직접적으로 등장시키고 싶었다.

"우리의 방은 너무 작고 시끄럽고
우리에게 돈은 항상 멀리 있지"

불러보니 생각보다 위화감이 없어 다행이었다. 한 번도 본 적 없는 도시들의 크고 작은 공간에서 노래하고, 밤이 되면 유난히 비좁은 호텔 방 침대에 걸터앉아 거울에 비친 내 얼굴을 마주 보며 여러 생각을 했다. 1년 365일 이 호텔 방처럼 작은 공간에 내내 머무는 사람과 다양한 크기의 공간을 경험한 사람은 얼마나 다른 생각을 하며 살까. 요가 매트를 다 펼치기도 어려운 내 방과 친구들의 방을 떠올렸다. 그리고 공연장처럼 천장이 높고 넓은 공간에서 느꼈던 감정들을 떠올렸다. 더 많은 경험을 꿈꾸던 나의 바람과, 친애하는 사람들의 바람을 떠올리고 비행기에서 읽은 버지니아 울프의 강연문을 뒤적이며 〈우리의 방〉이라는 노래를 완성했다.

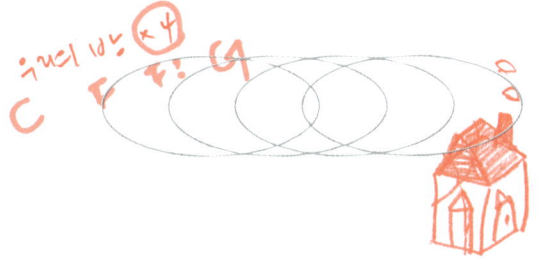

우리의 방

나는 눈앞의 경계선을 넘어서까지
볼 수 있는 눈을 가지기를 간절히 기도했지
들어는 봤지만 한 번도 본 적이 없는
활기로 가득 찬 세상과 도시들을 볼 수 있게 되기를
내가 경험한 것보다 더 많은 것들을 경험할 수 있게 되기를
나와 닮은 사람들을 어디선가 만나고
닮지 않은 사람들을 만나게 되기를

우리의 이런 바람을 누가 비난할 수 있을까
우리의 이런 바람을 누가 비난할 수 있을까

우리의 방은 너무 작고 시끄럽고
우리에게 돈은 항상 멀리 있지
우리의 방은 너무 작고 시끄럽고
우리에게 돈은 항상 멀리 있지
우리의 방은 너무 작고 시끄럽고
우리에게 돈은 항상 멀리 있지
우리의 방은 너무 작고 시끄럽고
우리에게 돈은 항상 멀리 있지

03:52

넓은 곳으로 나아가려 해
넓은 곳으로 나아가
넓은 곳으로 나아가려 해
넓은 곳으로 나아가

우리의 방은 너무 작고 시끄럽고
우리에게 돈은 항상 멀리 있지
우리의 방은 너무 작고 시끄럽고
우리에게 돈은 항상 멀리 있지
우리의 방
우리의 방
우리의 방
우리의 🎵

못된 나와 못된 언니

삶과 잠과 언니와 나

언니는 내 못된 모습을 가장 많이 본 사람이다. 그리고 나도 언니의 못된 모습을 많이 봤다. '못되다'라는 말을 곱씹어 보니 좀 이상하다. 사전에는 "성질이나 품행 따위가 좋지 않거나 고약하다"라고 나온다. 그래, 그런 때가 있었다. 우리가 너무 어리고 약한데 세상 모든 게 다 강제적이라 짜증 났던 때. 그래서 가장 가까이 있는 사람들을 미워하고 공격하던 때 말이다.

어릴 때는 매일 눈 뜨면 만날 수 있었던 게 가족들이었다. 집을 자주 비우던 아빠와 나보다 늦게 태어난 동생 빼고, 살면서 가장 많이 만난 사람이 언니와 엄마일 것이다. 언니와 엄마를 향한 집착은 내가 기억하는 것만 해도 너무 많다. 유치원에 먼저 입학한 언니와 아침마다 헤어지는 것을 받아들이지 못한 나는 매일 언니의 유치원 버스 앞에서 통곡했다. 통곡이 매일 이어지자 누군가(유치원 선생님?)의 결단으로 나는 결국 유치원 버스에 함께 탑승하게 되었다. 당시 어른들이 어떤 딜을 했을지는 모르겠다. 언니의 유치원 기억이 내겐 아직도 남아 있다. 나는 수업을 듣는 언니 옆에서 누군가(*아마 유치원 선생님*)가 펼쳐준 빈 스케치북에 크레파스로 뭘 그리거나 하며 시간을 보냈다. 울지 않고.

언니가 초등학교 고학년이 되며 친구들이 먼저고 동생은 살짝 귀찮은 존재가 되어버려 원치 않게 언니에게서 멀어져야 했지만. 그래도 언니는 내게 너무 오랫동안 커다란 존재였다. 실제로 언니는 나보다 많이 컸다. 몸도 목소리도 행동도 다 컸다. 커서 눈에 잘 띄었다. 어릴 때 언니는 그걸 싫어했다. 너무 커서 눈에 잘 띄기 때문에 억울한 것이 많아 보였다. 나는 어릴 땐 아주 작았고, 2차 성징 이후로는 '적당한' 키로 자라서 언니처럼 어딜 가나 눈에 띄는 '큰 사람'은 아니었다. 언니가 가장 싫어했던 노래는 "키 크면 싱겁다는 옛날얘기가 맞아 맞아 정말 맞아 꼭 맞아" 하고 시작되는 동요 〈맞아 맞아〉였다. 왜인지 우리가 어릴 때 누구나 아는 동요였던 〈맞아 맞아〉 때문에 언니는 항상 '싱겁다'는 평가에서 벗어나려고 애를 썼다.

싱겁지 않은 모습을 보여주고 싶었던 탓일까. 언니의 삶은 무척 화려했다. 전교 1등, 학생회장, 연극, 춤. 눈에 띄는 행보만 걸었다. 나는 그걸 음침하게 바라보는 '사회성 없는 동생' 역할이었다. 화려한 언니는 화려한 친구들만 사귀었고, 음침한 나는 음침한 친구들을 사귀었다. 그래서 언니에게는 항상 내가 불쌍한 동생이었던 것 같다. 불쌍하지만, 고집 세고, 말 안 듣는 동생. 나는 항상 언니를 따르고 싶었지만, 어느 때부턴가 언니와 내가 너무 다르다는 것을 알았다. 무조건 함께 지내야 했던 가족의 시간 속에서 서로의 다름을 느낀 우리는 자주 싸우고, 서로를 미워하기도 했다. 하지만 비밀 얘기가 있을 때 엄마보다는 언니에게 먼저 했다.(그리고 언니는 나와 싸우고 내 비밀을 엄마에게 폭로했다!) 무엇보다 우리는 서로에게는 다정하고 우리 외 세상 모든 것에 못되게 굴 때 가장 잘 맞았다. 언니와 함께 누군가를 신나게 욕하고 나면 다시 기운이 났다.(우리는 주로 아빠, 엄마, 막냇동생 그리고 친척 어른들을 욕했다)

성인이 되고, 사회생활을 10년 이상 한 뒤로 우리 자매는 점점 더 애틋해졌다. 풍파가 많은 가족과 사회 속에서 한 사람으로 역할을 하며 살아남는 게 얼마나 고된 일인지 절절하게 깨달았기 때문이었을까. 삼십 대가 된 자매와 사십 대, 오십 대를 맞이하면 어떤 일들이 생길지 궁금했다. 어느 정도 저축도 있고, 일도, 명성도 있어서 좀 더 여유롭게 함께 놀 수 있을까. 어릴 때 강제로 끌려

삶 이보래도
아깝도다 아깝도다.

간 가족여행의 기억은 썩 좋지 않지만, 어렸던 우리가 중년이 되어 다시 가족여행을 하면 재미있을까. 가끔 내가 사는 곳으로 강아지를 데리고 놀러 온 언니와 시간을 보내며 함께 보낼 미래를 상상했다. 하지만 *(한국 나이로)* 마흔이 되기 직전에 언니는 아침에 일어나 방에서 숯에 불을 붙이고 수면제와 술을 잔뜩 먹고 죽었다. 바로 전날 나와 통화를 했던 언니였다. 너무 황당했지만 우리가 살아가는 삶이 너무 팍팍하고 막막했던 것도 잘 알기에 뭐라 탓할 수가 없었다. 다만 언니 '이슬'이 없는 세상에서 나 '이랑'이 어떻게 살아가야 할지 개같이 막막했다.

나는 올해 한국 나이로 마흔이 됐다. 언니가 아니라 내가 마흔이 됐다는 게 신기할 뿐이다. 내가 마흔이면 언니는 마흔셋이어야 하는데 말이다. 언니가 죽은 뒤, 누구보다 '먼저 죽고 싶었던' 나는 어떻게 살아가야 할지 약 3년 동안 끊임없이 생각해야 했다. 그 시간 덕분에 지금은 3년 전보다 훨씬 평온하고 덜 음침해졌다. '그 시간'이라는 세 글자로 쓰기에는 말도 안 되게 엄청난 시간을 보냈다. 쓰러지고, 다시 움직이고, 울고, 웃고, 사랑하고, 헤어지고, 싸우고, 미워하고, 격했다가, 무심했다가 한 모

아깝지 않습니다.

든 순간에 언니의 부재와 함께였다. 언니 앞에서 자유롭게 못될 수 있었던 시간이 여전히 그립다. 개같이 더러운 말로 엄마 아빠를 포함한 많은 사람을 욕하고 죽이고, 하지만 현실에서는 그러지 않을 걸 알기에, 서로 사랑하기에 눈을 맞추고 깔깔 웃을 수 있었던 다신 없을 소중한 관계였다.

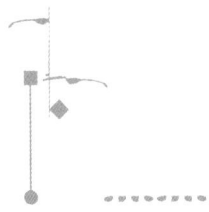

a) 롱을 잔 생됩니다.

삶과 잠과 언니와 나

언니 난 언니가 살아가는 모습을 보는 게 참 좋았어

나와 다른 길을 뚜벅뚜벅 걸어가는 그 모습을

언제까지라도 볼 수 있을 거라고 생각했어

내가 부끄러워하는 옷을 입고

내가 부끄러워하는 소리로 웃고

커다란 개와 커다란 차를 타고

내가 어려워하는 길을 앞서 걸으며

언니가 해주려고 했을 말들이 난 궁금해

쓰려 했을 일기와 주려고 했을 다음 생일 선물이 난 궁금해

추려 했던 춤과 들으려 했던 음악

읽으려던 책과 미처 열어보지 못한 중국에서 온 택배

언니 사람들은 언니의 삶이 아깝다고들 말을 해

십 년, 이십 년 뒤였다면 모두 고개를 끄덕거렸을까

언젠가 내 시간도 그리 귀하지 않은 때가 올까

그때가 되면 무엇도 아까워하지 않고 우린 잠이 들까

03.56

삶과 잠과 언니와 언니의 자랑

삶과 잠과 언니와 언니의 자랑

삶과 잠과 언니와 언니의 자랑

삶과 잠과 언니와 언니의 자랑 ♯

확실한 사랑만을 남기고 떠난
내 고양이, 준이치

재규어 준이치

이 노래는 2006년, 내가 스물한 살, 준이치가 한 살일 때 당시 다니던 대학 영화과 수업 중 '음향입문' 기말 과제로 만들었다. 결과물은 유튜브에 올려두었다. 놀랍도록 음향이 좋지 않은데 이걸 음향 수업의 과제로 냈다니 신기할 노릇이다.

준이치는 2006년, 내가 대합 입학을 막 앞둔 시점에 나와 함께 살기 시작했다. 십 대 탈학교 청소년이던 시절, 당시 만화 연재를 했던 잡지사의 동료 기자가 차가 다니는 골목에 혼자 앉아 있는 약 1.5개월 추정 아기 고양이를 구조했는데 키울 수는 없는 상황이라 내가 데려온 것이다. 아무 생각 없이 덜컥 데려온 인생 첫 고양이. 이름은 당시 즐겨보던 일본 만화 〈삐리리~ 불어봐! 재규어〉의 주인공 '재규어 준이치'에서 그대로 따왔다. 그러니까 내 고양이 준이치의 풀네임은 재규어 준이치라는 말이다.

한 손으로 집어들 수 있을 만큼 가볍고 약한 아기

고양이 준이치를 데려온 시기와 대학 입학이 맞물려 나는 학교에서 동기들과 친해질 시간도 없이 수업이 끝나자마자 집에 돌아가 준이치를 돌봤다. 처음엔 곧 죽을 것처럼 허약했던 준이치는 점점 누구보다 크고 힘센 고양이로 성장했다. 20년 전이었던 그때는 주변에 고양이를 키우는 친구들이 거의 없었고, 고양이 전용 사료나 용품, 장난감, 고양이 전문 병원 등도 별로 없었다. 그래서 나에게도 낯선 고양이와의 생활을 둘이 하나하나 격파해 나갈 수밖에 없었다.

당시 나는 내 밥을 사 먹을 돈도 없어서 준이치에게 밥을 사다 주는 것도 쉽지 않았다. 동네 슈퍼에서 비닐봉지에 사료를 소분해서 팔고 있기에, 그걸 사다 준이치를 먹였다.*(대체 무슨 사료였을까……)* 너무 더운 여름에는 수건에 물을 적셔 내 목에 하나, 준이치 목에 하나 걸었다. 겨울이 되면 방 안에 텐트를 치고 그 안에 둘이 들어가서 서로의 체온으로 텐트 안의 온도를 올렸다. 밥 먹을 돈도, 전기세를 낼 돈도, 가스비를 낼 돈도 없이 우리는 여기저기를 함께 떠돌았다. 어느 시기에는 학교 안 동아리실에서 살았는데, 그때는 오히려 좋았다. 방세도 안 나가고 공과금도 1도 없지만 전기도 팡팡 쓸 수 있어서 365일 전기난로를 켜고 지냈다.*(거기는 여름에도 무척 추웠다)*

2011년에 대학을 졸업한 뒤로 또 '살 곳'이 문제였

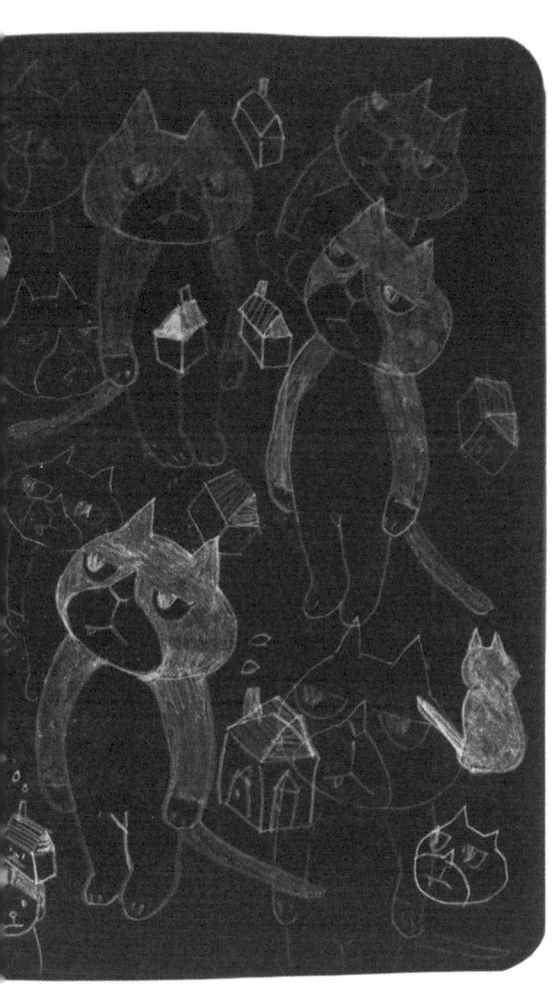

다. 학교 안 동아리실은 이제 더 이상 쓸 명목이 없었고 최소 금액으로 방 하나를 찾을 때까지 나는 마포구 상수동에 사는 친구 집에, 준이치는 양천구 목동에 사는 친구 집에서 따로따로 지냈다. 준이치는 일생 중 꽤 많은 시간을 내 친구 집들을 떠돌며 지냈다.(물론 나도 그 시간에 어딘가를 떠돌았고) 떠돌다 다시 합체했다, 다시 마땅한 집이 없어지면 각자 다른 곳을 떠돌기를 반복. 2016년이 되어서야 우리 둘은 제대로 합체했다. 준이치가 열한 살, 내가 서른한 살이 되었을 때였다. 그즈음부터 나의 이사 횟수가 줄었다. 2016년부터 2019년까지 한 집, 2019년부터 2024년까지 한 집, 그리고 지금 사는 집으로 딱 세 번 이사했다. 그리고 2025년 현재. 1월 15일에 스무 살 생일파티를 한 준이치는 2월 28일에 세상을 떠났다. 준이치는 2020년 말부터 2025년 2월까지 여러 가지 지병으로 오랜 투병 생활을 했다. 첫 스타트는 구내염이었고, 그 뒤로 특발성 유미흉, 췌장염, 관절염, 갑상선 항진증, 심장병 등 계속 병이 추가됐다. 그 기간 동안 병원을 백 회 넘게 다녔고, 병원비로 오천만 원 가까이 썼다. 정말 다행히도 나는 준이치의 노후를 대비해 계속 적금을 들어왔고, 주변 친구들의 노견이나 노묘들이 투병하는 데 드는 돈이 얼만지 대략 학습했기에 적어도 삼천만 원 이상은 준비해두어야 한다는 각오가 되어 있었다.

하얀 와이셔츠 위에 검은 정장을 입은 듯한 털 무늬

때문에 턱시도 고양이라고 불리는 나의 비싼 고양이 준이치. 내가 못 먹고, 내가 못 살아도 준이치가 편하게 인생을 즐기며 살 수 있기를 바랐다. 집이 없어 서로 떨어져 있을 때, 되도록 괜찮은 집에 사는 친구들에게 준이치를 맡겼었다. 그런 집에 머물다 다시 내게 돌아온 준이치에게서 좋은 냄새가 나곤 했다.

십 대 때 집을 떠나 누구의 도움도 없이 오로지 내 몸뚱이와 내 일로 벌어먹어야 했던 긴 시간. 그 모든 시간에 내 곁에 있어준 내 고양이, 준이치. 준이치의 20년의 생로병사(*탄생의 순간 빼고*)를 함께 경험한 시간 덕에 지금 내가 살고 있다. 그 뒤로도 나는 살아갈 수 있다는 힘이 생겼다. 무엇보다 확실한 사랑만을 내어준 생명. 그런 존재와 20년을 함께 살았다.

그와 보낸 첫해에 만든 이 노래.
그리고 그와 보낸 마지막 해에 내가 부르고 싶은 노래는 완전히 달라졌지만.

확실한 사랑만은 그대로.

그리고 그 모든 하루에 준이치가 있다.

재규어 준이치

안녕 나는 재규어 준이치
그냥 준이치라고 불러줘
나는 메이커 정장만 입지
야야야야야야 나는 젠틀맨

나를 방문할 땐 잊지 말아줘 꼭!
갤러리아 백화점에 들렀다가 와
야야야야 나는 젠틀맨
야야야야야야 나는 젠틀맨
야야야야 나는 젠틀맨
야야야 나는 젠틀맨

젠틀맨이니까~ ♯

01:26

수치심 없는 사랑은 사랑이 아니야
SHAME

코로나로 인해 모든 공연이 온라인 스트리밍으로 변경되었던 2020년 겨울, 예정된 공연을 하러 홍대 앞 작은 공연장에 갔다. 공연장에는 공연장 운영자와 사운드 엔지니어, 그리고 무대미술 감독과 실시간 스트리밍을 위한 촬영팀이 몇 명 있었다. 하루 리허설을 하고 다음 날 스트리밍 공연을 하고 끝나고 회식을 할 때까지 관객들은 온라인으로만 존재했고, 현장에는 소규모 제작 스태프들과만 함께 있었다. 그중 카메라를 잡고 있던 스태프 한 명에게 눈길이 갔다. 이유는 잘 모르겠다. 다음 해인 2021년, 그 스태프가 속해 있는 프로덕션으로부터 의뢰를 받고 두 번 라이브 촬영을 했다. 약 1년에 걸쳐 3~4번 라이브를 하는 현장/촬영장에서 그 카메라 감독을 만나고 지켜봤다. 처음부터 느낀 '끌림'은 시간이 지날수록 더 강해졌다.

나는 그에 대해 별 정보도 없었고, 당시 함께 사는 파트너가 있었고, 고양이 준이치가 투병 중이었고, 자궁경부암 수술을 받고 몸도 많이 아픈 상태였어서, 이러저

러한 이유로 이 끌림에 대해 그에게 말할 기회도 시간도 여유도 없었다. 하지만 혼자만의 끌림은 통제할 수 없을 정도로 점점 강해졌고 나는 계속 꿈을 꾸고, 몸살이 나길 반복했다. 그리고 결국 2022년 초에 당시의 파트너와 그 스태프(J라고 하자) 두 사람에게 내 상황을 말하기로 결심했다.

그 뒤에 일어난 상황들은 이렇게 글로 정리하기에도 벅찰 정도로 별별 일이 다 벌어졌다. 이 내용만으로도 책을 한 권 이상 써야 하는 수준이다. 그즈음부터 쓴 일기는 A4로 백사십 장이 넘었고, 글자 수로 하면 이십만 자가 넘었다.(지금 쓰고 있는 이 책 한 권의 원고가 십만 자 정도인 걸 보면, 대략 책 두 권 분량의 일기다) 이 이십만 자 일기 대부분의 내용이 그에 대한 끌림과, 그 끌림을 말한 이후에 벌어진 일들에 관한 것이다.

그리고 그 모든 것을 한마디로 정리하면 '수치심'이다.

나는 오랜 시간 '살아남아야 하는' 것을 최우선 순위에 두고 살아왔다. 살아남아야 한다는 말은 곧, 그 누구의 도움 없이 내가 일하고 벌어서, 나와 내 고양이를 먹여 살려야 한다는 것이다. 나는 기댈 곳이 없었다. 그걸 너무 일찍이 알고 있었다. 온전히 내 몸과 내 능력으

로 이 험악한 사회 안에서 작동하는 인간으로 존재하며 살아남아야 했다.

이 책 서문에 쓴 것처럼 어느 시기에는 분노의 힘으로 살았다. 거기에 하나를 더하면 '욕망하지 않는 것'을 정말 열심히 훈련했다. 먹고살기에 집중하여 살아남으려면 뭔가 더 원하는 마음이 존재하면 안 됐다. 그런 것은 내게 사치였다. 지금보다 나은 환경, 일하지 않아도 가지고 있는 여윳돈, 여유 시간. 그런 것 없이 사회에서 주로 예술 직종에 종사하면서 열일곱부터 마흔인 현재까지 쉼 없이 일했다. 그사이에 생존을 벗어난 것을 원하는 마음이 생기는 일을 계속 자제하고 자제했다. 어느 시기에는 그 어떤 욕망도 느끼지 못해 오히려 지금 죽어도 아무런 감정을 못 느끼는 상태를 경험하기도 했다. 누군가를 좋아하고 원하는 마음도 마찬가지. 나는 가족보다는 친구를 더 많이 좋아했고, 시기마다 존재했던 한 명 한 명의 연인에게는 친구를 사랑하는 것 이상의 감정을 잘 느끼지 않았다. 사귀는 상대에게 그런 말을 대놓고 했다. '너에게 특별한 감정을 느끼지는 않는다. 내 친구들에게 느끼는 것과 똑같은 감정으로 너를 좋아한다'고.

그 말에 상처받고 마음을 다친 누군가들이 있을 것이다. 그 마음에 사과한다.

그래도 나는 꾸준히 무언가를 열망하지 않기로 했고, 그 마음을 연습했고, 너무 부단히 연습해서 스스로 무서울 정도로 이상해진 시기도 겪었다. 그리고 2020년 말부터 2021년 말까지 현장에서 만난 J라는 사람을 향한 끌림이 시작된 것이다. 그것을 소리 내 말할 때까지, 나는 내가 무언가를 원한다는 마음에 괴로웠고 무엇보다 수치스러웠다. 뭔가를 원할 때 생기는 그 약한 감정, 내 존재가 바스러질 것만 같은 수치심. 이런 걸 사람들은 사랑이라고 좋게 표현하는 건가? 내가 느끼기에 이 감정은 사랑 같은 좋은 말로 포장할 수 있는 게 아니었다. 오히려 '고통'이나, '지옥'이라는 말에 더 가까웠다. 그 끌림에 사로잡힌 내 시간, 내 일과를 방해하는 감정, 눈을 뜨고 있어도 감고 있어도 온몸이 아프고, 어떻게 해야 이 느낌에서 벗어날 수 있을지 당최 알 수가 없는 미지의 지옥.

그 지옥 같은 열망을 경험하면서 현재 나는 살아 있고, 살고 있다. 뭔가를 원하는 마음을 다시 연습하기로 마음을 먹었다. 세상 사람들이 잘만 하고 있던 그 '욕망을 느끼는 삶'을 나도 살아보기로 마음먹었다. 그 욕망 앞에서 느낀 수치심, 존재가 작아지는 경험, 그것들이 내게 더 훌륭한 교사가 되어주었다. 나에게는 몸이 있고, 그 몸으로 뭔가를 느끼고 경험하고, 그것을 삶이라고 부른다는 걸 이제 알아가는 중이다. 그 연약함을 인지하고, 무한하지 않은 세계 속에 나를 위치시키고 유한함을 경험하기로 결심했다.

나는 유한한 세계의 유한한 존재를 사랑한다.

그것을 내 고양이 준이치가 확실하게 알려주었고, 그 덕에 나는 또 다른 하나의 존재를 사랑하는 삶을 경험하고 있다.

감사한 일이다.

SHAME

불 꺼진 시장 골목을 우리는 뛰고 있어요

우리의 시간은 짧고 모두 우리를 알고 있죠

우리는 착각을 하는 게 가장 큰 특징이죠

그 착각 속에서 뛰고 있어요

당신의 손을 잡고 있을 때에도 느꼈어요

내가 그 세계에 속해 있지 않다는 걸

나는 내가 부끄럽기만 했어요

당신은 그 너머만 보고 있어요

이 불편함과 낯설음마저 사랑했어요

이 사랑을 가지고 더 멀리 가고 싶었어요

당신의 미스터리에서 이제는 벗어날래요

아니 그런 것도 다 상관없어 궁금해 안 할게요

마지막으로 내 얘기를 들어주세요

내 얘기를 듣는 당신이 필요했어요

당신이 내 삶을 추적하고

당신이 이해하고

당신이 기억하고

나를 만져줬음 했어요

사람과 사랑을 믿고 싶어요

사랑과 사람을 믿고 싶어요

나는 당신을 만나 비로소 몸을 의식해요

나는 당신을 만나 비로소 몸을 의식해요

나는 당신을 만나 비로소 몸을 의식해요

나는 당신을 만나 비로소 몸을 의식해요

나는 당신을 만나 비로소 몸을 의식해요

나는 당신을 만나 비로소 몸을 의식해요

나는 당신을 만나 비로소 몸을 의식해요

나는 당신을 만나 비로소 몸을 의식해요 #

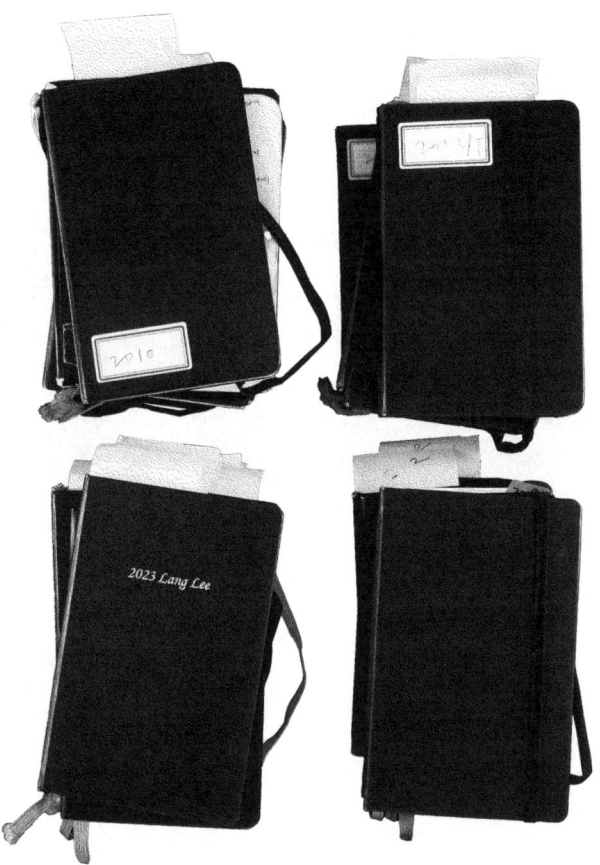

이랑의 노래: 울리고 웃기고 성장하는

김윤하 대중음악평론가

이랑은 노래로 사람을 울리고 웃기는 사람이다. 음악보다 노래라는 단어를 굳이 쓰고 싶은 건, 내가 그의 음악을 처음 들었을 때 받은 강렬한 인상 때문이다. '가사에 곡조를 붙여 목소리로 부를 수 있게 만든 음악'인 노래와 '박자, 가락, 음성 따위를 갖가지 형식으로 조화하고 결합해 목소리나 악기를 통하여 사상 또는 감정을 나타내는 예술'인 음악. 이랑의 음악은 아무래도 노래였다. 그때 나는, '세상에 이런 노래를 만들고 부르는 사람도 있구나' 생각했다. 그건 분명 노래였지만, 내가 여태껏 들어왔던 어떤 노래와도 달랐다. 지금까지 본 적 없는 종류의 토양과 기후에서 나고 자랐다는 걸 동물적으로 감지했다. 그리고 그 노래는, 기가 막힐 정도로 사람을 울리고 웃겼다. 그런 면에 있어서는 그야말로 타고난 음악이었다.

그때나 지금이나 앨범을 들을 때 첫 곡부터 순서대로 듣지 않으면 불법이라도 저지르는 것 같은 죄책감이 드는 사람으로서, 제일 처음 들었던 이랑의 노래는 당연하게도 〈잘 알지도 못하면서〉였다. 2012년 나온 첫 앨범 《욘욘슨》의 첫 곡이다. 구구절절 설명할 필요가 있을까. '장장가 장가장가' 천진난만하게 울려 퍼지는 기타 스트로크 위로 "난 사실 멋 내는 게 좋아"라며 구성지게 한 곡조 뽑는 솔직함의 기개에 마음을 금방 빼앗기지 않을 수 없었다. 누구보다 멋 내는 걸 좋아하지만 누가 멋 냈냐고 물어보면 무슨 말인지 모르겠다는 새침한 표정을 짓고 마는 얄궂음, 언제나 나보다 예뻤던 언니를 향한 선망과 질투가 섞인 복잡한 심경, 덕분에 예쁘다는 말에 "나랑 사귈래?"라고 대답해버리게 된 어떤 사람의 기구한 삶까지. 청아하게 울려 퍼지는 목소리 아래 숨은 갖은 욕망이 날카로운 면도날처럼 묵은 감정의 보드라운 뺨을 스치고 지나갔다. 너도 그런 적 있어? 사실 나도. 한 번도 입 밖으로 소리 내 말해본 적 없는, 적극적으로 외면해 온 속마음이 한 겹 두 겹 부풀어 올랐다.

　　신기한 건 그런 부류의 자각에 필수적으로 따라오는 수치심 따위가 전혀 들지 않았다는 점이다. 그 마음을 오래 외면해 온 건 결국 그를 감춰야만 어른이 되는, 사회화가 되는, 체면치레하든, 아무튼 뭐라도 되거나 되지 않을 거라는 판단 때문이었을 텐데, 이랑의 노래는 그런 마음의 빗장을 단번에 활짝 열게 만드는 힘이 있었다. 아무런 거추장스러움 없이, 각자의 리듬에 맞춰, 서로의 등과 어깨를 팡팡 치며 하하 히히 호호 헤헤 그저 웃고 싶은 마음뿐이었다. 밤새워 먹고 싶은 메뉴 이름을 나열하면서, "야 이제 우리 졸업하면 뭐 하냐" 해봤자 답 없는 대화를 나누면서, 잠깐 정적이 흐르면 "개똥아 똥쌌니 아니오" 유치한 말장난을 하고, 복도식 아파트 난간에 매달려 느끼던 어느 유월의 미지근한 바람 이야기를 하면서. 영원할 것 같은 기타 스트로크와 세찬 웃음소리가 남기고 간 꼬리 긴 메아리와 함께 그렇게, 하릴없이 한 시절을 보내고만 싶었다.

아마 나는 앨범《욘욘슨》으로 '욘욘슨'이라는 새로운 친구를 만났던 것 같다. 『나의 라임 오렌지 나무』 속 제제에게 밍기뉴가 있었던 것처럼, 없었지만 마치 있었던 것 같은 그런 친구. 나라면 절대 못 했을 말을 언제 어디서나 같은 태도와 자세로 생각한 모양 그대로 세상에 내어놓는 친구. 내 속의 숨은 말을 모조리 듣고 나서는 난간에 걸친 다리를 달랑거리며 "밥이나 먹으러 가자"고 마음의 먼지를 가볍게 툭툭 털어주는 친구.《욘욘슨》은 나에게 그런 든든한 상상의 친구였다.

친구는 내가 전혀 예상치 못한 방향으로 무럭무럭 자라 나갔다. 사실 온전히 상상으로 만들어진 인물이었으므로 '무럭무럭'이라는 표현이 어울릴지는 잘 모르겠다. 하지만 나는 그의 성장을 말 그대로 오감으로 느꼈다. 그가 제일 잘하는 '노래'를 통해서였다. 이제 우리는 더 이상 동네 입구 편의점 테이블에 앉아 시시껄렁한 얘기로 하하 히히 호호 헤헤 웃으며 시간을 죽이지 않게 되었지만, 서로의 길을 소신 있게 걸어가는 모습을 보는 것만으로 같은 시공간을 공유한다고 느꼈다. "한국에서 태어나 산다는 데 어떤 의미를 두고 계시나요"(《신의 놀이》)나 "나는 왜 다 알아요?"(《나는 왜 알아요》) 같은, 바로 그 신이 들으면 딱 싫어할 만한 질문을 던지는 친구를 보며 혼자 킬킬거렸다. 너는 참 여전하구나. 여전히 하하 히히 호호 헤헤 웃고(《웃어, 유머에》) "싹 다 가버리는 멸망"의 한복판에서도 지금이 아니면 안 된다는 것처럼 "사람 죽는 것처럼 울"어 버리는구나. 그렇게 변함없구나.《《환란의 세대》》 그리고 끝내 그 변함없음으로 주위에 모여든 사람들 마음의 자물쇠를 모조리 풀어 강하게 만드는구나. 그런 생각을 멀리서나마 늘 했다. 비단 나뿐만이 아니라, 이랑의 음악을 듣고 나만의 밍기뉴를 곁에 두었던 이는 기필코 자랄 수밖에 없다고 생각했다. 이랑은 사람을 울리다 웃기고, 결국 성장하게 만드는 노래를 만들고 부르는 사람이기 때문에. 그렇게 믿고 있었다.

『기타를 작게 치면서』를 읽으며, 그런 사람의 비밀 일기장을 살짝 엿본 것 같아 조금 미안하고 간질거리는 기분이 되었다. 이랑이 왜 책의 첫 문단을 "이 글을 쓰는 것이 무척 괴로울 거라는 생각이 든다"라는 문장으로 시작했는지 조금은 이해할 수 있을 것 같았다. 그곳에는 "한결같이 화내고, 슬퍼하고, 외로워하고, 괴로워하는 마음들이 잔뜩 쓰여 있었다". "이렇게 변화 없는 마음을 들여다보는 게 너무 힘들었다. 지난 일기를 보고, 변한 게 없다고 쓰고, 또 몇 년 뒤에 같은 일기를 또 쓰고, 또 지난 일기를 보고"라고 고백하는 밍기뉴 옆에서, 이제는 내가 발을 달랑거리며 말해주고 싶었다. '맛있는 거 먹으러 가자'고.

노래를 세상에 내보낸다는 건, 그 노래가 이제 더 이상 나만의 노래가 아니라는 뜻이다. 사람과 시대와 노래가 만나 일으키는 화학 작용은 때로 완전히 다른 차원으로 노래를 이끈다. 이랑의 노래는 어쩌면 그런 운명을 타고난 노래다. 노래가 만들어진 배경과 노랫말에 숨은 이야기의 나이테를 하나하나 짚으며 어떤 곡은 이래서 내가 공감했구나, 어떤 곡은 이렇게 내가 오해했구나 새삼 깨닫는 시간을 가졌다. 단 하나 변하지 않은 건, 〈잘 알지도 못하면서〉부터 〈SHAME〉까지 이랑의 노래가 쌓아온 시간 속 이랑도, 이랑의 노래도, 이랑의 노래를 밍기뉴 삼아 웃고 운 사람 모두가 하나도 빠짐없이 성장했다는 사실이다. 놀랍지 않은가? 잠시만 삐끗해도 퇴보나 도태를 두려워해야 하는 위태로운 세상 속에서, 이랑의 노래를 둘러싼 모든 것이 성장했다. 심지어 마음껏 웃고, 마음껏 울면서. 아무것도 변하지 않은 마음을 들여다보며 쓰는 게 괴로울 것이라고 했지만, 이쯤이면 이랑도 깨닫지 않았을까 싶다. 자신도 주위도 울리다 웃기고 결국 성큼 성장하고 만, 자신이 만든 결코 작지 않은 세계를. 그리고 그곳에 살고 있는 이렇게 많은 사람과 이야기를.

꼭 안아주고 싶은

김윤아 가수

나의 친구 이랑은 불세출한 아티스트이며 명민한 기획자이다. 또한 그 인간됨이 남다르다. 만날 때마다 랑의 매력적인 천진함과 솔직함에 감탄하게 된다. 항상 그의 뇌를 들여다보고 싶다고 생각한다.

『기타를 작게 치면서』를 읽으며 마침내 그의 머릿속을 읽는다. 삶, 죽음, 번식, 사랑, 분노, 슬픔, 고통, 행복, 소소함, 무거운 일상, 소음과 고독, 무기력. 누구에게도 삶은 압도적으로 거대하다. 읽을수록 동질감을 느낀다. 역시 너도 나와 같이 음악으로 너를 치유하고 있구나. 미쳐 날뛰는 삶에 잠식되지 않도록 우리는 글을 쓰고 음을 짓는다. 아픔이 문장이 되고 음악이 되는 과정을 고스란히 지켜보면서 랑을 꼭 안아주고 싶다고 생각한다.

어느새 이 에세이는 명배우가 일생일대의 연기를 펼치는 모노드라마가 된다. 어두운 무대에서 핀 라이트를 받으며 이랑이 울고 웃고 춤춘다. 말하고 노래한다. 사랑스럽고 애틋하다. 슬프고 벅차다. 마음 깊은 곳에서 깊은 울림이 북받친다. 꼭 음악을 들으며 글을 읽기를 권한다. 노랫말과 음률은 잘 만들어진 이 드라마의 중요한 요소다.

그가 이것만으로도 책 한 권을 쓸 수 있다고 호언한 모든 것들과 아직 꺼내놓지 않은 이야기들이 모조리 출판되기를 희망한다. 마지막 장을 넘기며 나는 이야기가 끝나버려 몹시 아쉬웠다.

다들 아는 것처럼 그런 책은 많지 않다. 나는 더욱 랑을 사랑하게 되었다.

‖ 이랑의 가사-말 **기타를 작게 치면서** ‖ 지은이 이랑 ‖
‖ 1판 1쇄 펴냄 2025년 9월 17일 ‖ 펴낸이 손문경 ‖
‖ 편집 서윤후, 이기리, 정채영 ‖ 디자인 김정현, 정유경, 한유미 ‖
‖ 펴낸곳 아침달 ‖ 출판등록 제2013-000289호 ‖
‖ 주소 04029 서울시 마포구 양화로7길 83, 5층 ‖ 전화 02.3446.5238 ‖
‖ 전자우편 achimdalbooks@gmail.com ‖
‖ ISBN 979-11-94324-60-7 03810 ‖
ⓒ 이랑, 2025

이 도서의 판권은 지은이와 출판사 아침달에게 있습니다.
양측의 서면 동의 없이 책 내용의 전부 혹은 일부의 재사용을 금합니다.

*책값은 뒤표지에 있습니다.